绝佳体验

The Experience

迪士尼打造卓越服务的
五大原则

The 5 Principles of Disney Service
and Relationship Excellence

[美] 布鲁斯·莱夫勒（Bruce Loeffler）
[美] 布赖恩·T.丘奇（Brian T.Church） 著

高尚平 译

中信出版集团·北京

图书在版编目（CIP）数据

绝佳体验 /（美）布鲁斯·莱夫勒，（美）布赖恩·T. 丘奇著；高尚平译 . -- 北京：中信出版社，2018.8(2024. 2 重印)

书名原文：The Experience:The 5 Principles of Disney Service and Relationship Excellence

ISBN 978-7-5086-8935-7

I. ①绝… II. ①布… ②布… ③高… III. ①迪斯尼公司－游乐场－企业管理－经验 IV. ①F279.712.3

中国版本图书馆 CIP 数据核字（2018）第 101124 号

绝佳体验

著　　者：[美]布鲁斯·莱夫勒　[美]布赖恩·T. 丘奇

译　　者：高尚平

出版发行：中信出版集团股份有限公司

（北京市朝阳区东三环北路 27 号嘉铭中心　邮编　100020）

承 印 者：北京通州皇家印刷厂

开　　本：880mm×1230mm　1/32　　印　　张：10　　字　　数：168 千字

版　　次：2018 年 8 月第 1 版　　印　　次：2024 年 2 月第 7 次印刷

京权图字：01-2018-5253

书　　号：ISBN 978-7-5086-8935-7

定　　价：59.00 元

目　录
contents

第三部分

幕后

（企业内部层面）

前言

很少有公司真正懂得创造绝佳顾客体验的价值。在提供绝佳体验这点上，没有一家公司做得比迪士尼更好。在我的职业生涯中，华特迪士尼世界给我的印象最深，对我的影响也最大。作为 1971 年已在职的华特迪士尼世界元老级员工之一，我任职于公司管理层 25 年，在此期间，创造“绝佳的顾客服务体验”就是我们企业文化的基石，并一直延续至今。我们想要建造“世界上最快乐的地方”，并且设计出全世界无可比拟的绝佳服务体验。作为帮助迪士尼走向成功道路上的一员，我深感荣幸。

“我们工作，他人（我们的客人）享乐”是我们的座右铭。之所以这么说，是因为我们想为全世界的客人建造一个地方，满足他们从日复一日的辛劳中逃离出来，进入一个充满奇妙、温馨和欢乐的世界的愿望。当时，作为华特迪士尼世界的商品部经理和后来成立的迪士尼大学的主管，我的工作职责之一就是要通过鼓励超预期服务的理想主义式理念，逐渐确立为迪士尼的客人们提供超凡服务体验的重要性。我很早就觉得有人会写这样一本书，把那些卓越的用于创造绝佳服务体验的各类原则公之于众……如今，终于有人这么做了。

1983 年，华特迪士尼世界的重要领导者组成一支团队，旨在将迪士尼服务体验提升到一个新的高度。在这支队伍中，有一个年轻人开创了一个新的职位，以帮助整个迪士尼员工队伍提高服务和表演技能。他就是布鲁斯·莱夫勒。自此以后，我和布鲁斯就开始在迪士尼内外开展一系列项目的合作，并且在过去 30 多年中一直保持着深厚的友谊。

这本书是由布鲁斯·莱夫勒和布赖恩·丘奇合著而成，其中提到的各类原则就是我和布鲁斯在华特迪士尼世界共事的那些年里所倡导的众多原则的延伸。在这本书中，我发现最令人受益的内容就是对“I. C.A.R.E.”五大原则通俗易懂的阐述。这非常重要，因为企业和员工都有必要了解每个人该怎样各司其职，才能维护好他们创造的“印象”（Impression）、与客户建立的“联系”（Connection）、应有的“态度”（Attitude）、面临客户质疑时的“回应”（Response）以及为企业的内部员工提供“绝佳服务”（Exceptionals）时的表现。

阅读本书的时候，我不断回想每一个可实行的步骤——它们就是建设服务文化的蓝图，无论在个人层面还是职业层面都是如此。这本书是一本真正意义上的指导性读物，它会将你和你的企业所提供的服务体验提升到另外一个高度。

我很荣幸能够向你推荐《绝佳体验》这本书。我鼓励你花一些时间来研读它，然后弄清自己该如何在最大限度上运用它，去达成你预期的结果。布鲁斯和布赖恩写这本书的初衷就是希望帮你确定你的公司目前的处境，以及如何利用这本书中提到的各类原则，为你的顾客和客户提供越来越优质的服务。我由衷地祝贺布鲁斯和布赖恩创造了这本有用的工具书，他们为将服务和客户体验打造成企业文化中一个重要的组成部分做出了不懈努力，我对此深表感谢。

斯宾塞·克雷格博士

前迪士尼大学及华特迪士尼世界商品部经理

第一部分

预告
（布景）

第一章　通往绝佳体验之路：这本书的写作动机和使用方法

迪士尼乐园永无完工之日。只要这世上还有想象力，它就将继续发展壮大。

——华特·迪士尼，迪士尼公司创始人

我们撰写这本书的意图，是想接触市场上最大的一块需求领域：给一线消费者带来绝佳体验。由于一直专注于研究关系建立、关联性拐点和关系势头等领域，布赖恩·丘奇深感荣幸，能够与全球最杰出的客户服务培训师之一——布鲁斯·莱夫勒共事。布鲁斯在迪士尼工作已有十余年，其中几年一直担任迪士尼卓越服务部的协调专员。通过对多年积累的见识、经历和知识产权的整合，现在我们终于可以将这本书呈现在你的面前。我们希望你能充分使用这本书，通过绝佳的客户服务和打造关联性体验培养企业的“大使”。

本书第二章的内容围绕“I. C.A.R.E.”五大原则展开。你可以用它们做自我检测，包括你提供的服务和你的采用“体验系数”（Experience Quotient™）工具的公司。其目的就是为你和你的公司创建一条通往绝佳体验的路径。故此，该书分为三大部分：

“预告”——介绍该书的整体理念、思路和前提。

“正片”——介绍为客户创造绝佳体验的各个环节。

“幕后”——介绍在企业内部如何创造关于领导力的体验以及员工体验。

我们精心为你绘制了一幅蓝图，你可以据此在“I.C.A.R.E.”五大原则上有绝对的发言权；采用我们有理有据的“非协商”及“体验系数提问”等方式来挑战自我；最后通过我们的官方网站（www.ExperienceQuotient.com）检验自家企业，看看提供的是哪种程度的服务体验。

长期以来，我们一直在验证一个模式。我们相信它在客户满意度提升、重复性业务的开展以及新客户增长等方面能够起到关键性作用。这本书不仅能够让你洞悉客户需求以及了解如何传达需求并获知具体细节，也能够让你科学地提高顾客体验层级。

如果你对一场设计精美、最后会为客户带来绝佳体验的“策略音乐会”甚感兴趣，我们鼓励你参加书末提到的“层级挑战”活动。这是为你公司专属定制的发展路径，它不仅会提高公司输出体验的质量，而且会将忠实客户转变成公司的“品牌大使”。我们热切期望能成为你在这条道路上的向导。

“体验大使”

你可能会感到奇怪，为什么我们会选用“大使”这个词。1815年，维也纳国会将“大使”定义为“在控制信息流动、维护外交关系以及展现一国最高行政长官的影响力等方面拥有广泛权力的人”。“大使”（*ambassador*）一词源自中世纪的拉丁词*ambactia*和*ambactiare*，意指“执行任务”。这里的“任务”，就是指我们如何创造一种使人由内到外都会重视和分享的体验。简而言之，我们正在帮助人们走向神奇的世界，并且还要帮他们走出来，和全世界分享他们的经历。

正如我们需要大使履行国家外交使命一样，企业也需要“大使”为体验发声——也就是说，这些“大使”需要被培养。人们通常会分享一般程度上的不良体验，而你的客户和“大使”们则只会分享一定程度上的优良体验。因此这本书的主旨就是帮助你提供更高层级的体验。

如今，“大使”们的身份各异。其中有很多是消费者，他们喜欢分享曾与你的产品、公司或服务打交道的经历；有些人则是员工，他们自豪地扛起公司大旗，并对你取得的成功深感兴趣。但他们身上有一个共同点：他们一定会让全世界都知道你的成就。

迪士尼何以脱颖而出

众所周知，迪士尼在提升客户体验和服务层级方面享誉全球。事实上，全世界没有一家企业在让人们收获乐趣、幸福感与成就感以及享受服务与乐趣上做得比迪士尼更好。鉴于迪士尼打造的卓越服务和优质关系已广为人知，我们研发了一个模式，能够反映并纪念华特·迪士尼和罗伊·迪士尼、迪克·努尼斯、范·弗朗斯等一众迪士尼企业奠基人的辛勤工作。在实践的过程中，我们考虑过很多重要的问题，比如：

- 是什么让迪士尼旗下的公园和员工与世界上其他的主题公园，甚至是其他企业区别开来?
- 如果你的企业也像迪士尼一样，能够传播快乐、培养人才、树立原则并让每位员工都参与其中，那将会是什么样子？要实现这个目标，你需要在企业中做出怎样的改变?
- 是什么让迪士尼如此与众不同?

这些问题的答案都非常简单：迪士尼创造了一种不同于世界上任何一家企业的体验，而且深受顾客喜爱。在研究的过程中我们发现，几乎每家公司在提供服务和塑造形象方面都想效仿迪士尼，让消费者拥有类似的体验，然而几乎没有公司能够复制这一模式。

在后面的章节中，我们会以迪士尼为例，分别定义“I. C.A.R.E.”五大原则，探知迪士尼与典型的“服务导向型”企业的区别。我们之所以要树立这些原则——以及我们的“体验系数”工具——就是要让我们的模式适用于每个依靠服务或服务型产品获得客源的产业。总体来说，对那些渴望提供绝佳体验的人或实体来说，这些工具在如何有意识地、可重复地提供卓越服务方面担纲着向导的作用。我们希望能让你的员工真正成为企业内部的“体验大使”，然后在那些致力于将体验分享给他人的客户群中创立企业外部的“体验大使”。

我们通过研究发现，迪士尼并不是唯一一家掌握了这种“体验技能”的企业。我们还将在书中探讨关于美国其他几大公司的一些实例，包括零售业的拖拉机供应公司（Tractor Supply）、星巴克咖啡店（Starbucks），医疗业的梅奥诊所（Mayo Clinic），酒店业的四季酒店（Four Seasons），甚至还有运输业的西南航空公司（Southwest Airlines）。它们都有一个共同点：和迪士尼一样，这些公司也一直在不遗余力地为客户打造最好的服务体验。如今，它们依然在践行着自己关于绝佳服务体验的理念。

道理很简单，实践才是关键。第一步，树立打造某个程度的体验的决心；第二步就是上面提到的实施办法，也就是实际体验传递出来的吸引他人与整个世界分享他们的发现的东西。这本书致力于解决你的公司在每个阶段的相关问题并提升服务预期。为我们所相信的事做好准备，这本身就是一项极具开创性的事业，因为支撑它的，就是我们多年的实地考察、经验证据以及一条既难忘又可重复、可分享、开创性的通往绝佳体验之路！

第二章 “I. C. A. R. E.”五大原则

我们必须得照顾好这些客人。华特，坦白地讲，我们得扩大“幻想世界”的规模。我们得扩大这个乐园的规模。

——迪克·努尼斯，迪士尼核心创建者之一

坦白地说，美国的服务业很差。通过对全美500多家企业的调查，我们已经确认有超过60%的企业提供的服务处于平均水平甚至低于平均水平——无论哪种情况都令人难以接受。服务优劣的巨大差异不仅切断了企业与顾客之间的关系，也是对顾客的不尊重（事实上，就是这些人在支付我们的薪水）。所以我们提出的“不良服务”是一个非常棒的概念，因为我们终于找到了一个形象且恰当的词语来定义这类服务。

> 通过对全美500多家企业的调查，我们已经确认有超过60%的企业提供的服务处于平均水平甚至低于平均水平——无论哪种情况都令人难以接受。

通过对美国几大公司服务质量的研究，我们发现大多数消费者对于他们拥有的服务体验并没有太多印象。依托科学理念，这些公司可能都有自己的商业模式，但他们的顾客服务模式最好也不过时好时坏，最坏的情况是干脆不存在。较小规模的公司——我们称之为“家庭500强”——在取悦顾客这方面要好于那些《财富》500强企业。

2011年美国运通公司的一项调查显示，80%的美国人认为小公司比大公司更注重顾客服务和体验。尽管有数据作为依据，但小公司以及少数人持股的公司在他们认为正在提供的服务与其切实提供的服务之间仍然存在巨大差距。

2011年美国运通公司的一项调查显示，80%的美国人认为小公司比大公司更注重顾客服务和体验。尽管有数据作为依据，但小公司以及少数人持股的公司在他们认为正在提供的服务与其切实提供的服务之间仍然存在巨大差距。

针对以上公司面临的这个问题，我们想出的解决方案就是“I.C.A.R.E.”五大原则，其中前4项原则针对的是与消费者、顾客和客户紧密相关的体验层面的问题，第5项原则则是直接阐述你为企业内部的员工创造的体验。每项原则都有10条次级原则做支撑——我们称之为“非协商原则”，它们会引发思考，并将详细阐述绝佳体验的具体特性。

我们会对企业内部服务结构的两个方面，即顾客体验与员工体验都进行检测。有人可能会问：为什么这两方面都要检测？通过一次次的职场行为科学研究，我们了解到，那些切实感受到领导关心他们、愿意在他们身上投资的员工更可能提供高质量的服务，有更好的工作态度，并且与身边的每位同事都相处融洽。快乐的员工更容易成为长期员工。这些人才是你手中的“王牌”，也是可以成为“大使”的人。

诚如华特·迪士尼所言，“幕后所做的准备终究要在台上展示”。对消费者而言，体验远比单纯的接触有意义。企业想要为客户创造体验，就必须首先为内部员工创造体验。

最重要的“顾客”：一线员工

在本书的框架体系下，你会明白如何在关于个人发展、企业价值观以及每位员工在企业获得成功的过程中所起作用等方面做出努力。简单来说，我们最重要的“顾客”应该是那些直接服务顾客的一线员工。如果我们没有照顾好自己的一线员工，那么他们就不太愿意向顾客提供比自身所受待遇更优的服务——毕竟，他们受到怎样的对待，就会趁你不在的时候怎样对待客人。

就企业创造完整体验这方面来说，每个员工、经理和企业负责人都要对此负责，包括：（1）了解自身所处的位置；（2）清楚自己要达到的程度；（3）制订计划和进程，提升自我。这本书中提到的“I.C.A.R.E.”五大原则以及“体验系数”工具会为你提供路径和建议，帮助你实现以上目标。

如何定义“I. C. A. R. E.”五大原则

I. 印象：持久而深刻的印象会让我们成功度过第一个持续的关联性拐点，也是建立双方关系的催化剂。

C. 联系：接触和关系的轴心点。将客户和顾客从消费者转变为“大使”（他们肩负着“向全世界专门介绍你”的使命），靠的就是能够创造让理智、情感和个人合而为一的联系。

A. 态度：一切你所想、所说以及最后所做事情的过滤器。态度是人们看待大千世界的一个透镜，也是人们的内在感受的外在表达。

R. 回应：服务与个人的责任感息息相关。它也更强调回应而非反应。所以顾客服务甚至绝佳体验的特点就是回应。如果回应的时机、声调和技巧与绝佳体验的所有其他方面并不匹配，那么其他一切努力都可以说毫无用处。

E. 绝佳特质：体验背后的秘诀在于相关的专业知识和执行力，后者又来自那些负责提供体验的人。所以管理层和员工必须做好准备，手握权力，以体验为生。

这本书是一本工具书，它创造了“体验大使”这一概念，并且定义了“I.C.A.R.E”五大原则——正是这些原则让迪士尼在与其他优秀企业的竞争中脱颖而出。我们认为这本书最独特的地方就在于它适用于所有依赖服务输出获取成功的行业。这本书的目的就是要让你的员工、领导者和企业更加成功，并且创造一种充满活力、专注和切实可行的方案，以解决当今企业普遍存在的问题：如何提供绝佳体验。

那么，我们开始吧。

第三章　五级体验，你在哪一级？

人生的意义在于拼命体验，满怀热情、无所畏惧地追求一种更新、更丰富的人生经历。

——埃利诺·罗斯福，政治家、第 32 任美国总统罗斯福之妻

如今的顾客服务是有史以来最差的。我们的内部调查显示，顾客的沮丧情绪与日俱增，因为他们觉得“似乎没人在意”服务体验。真正令人伤心的是，企业不愿再多花时间变得热情、友好而平易近人，更多时候在敷衍了事。原来那种真切的关心去哪里了？企业坚持不懈地创造绝佳体验的决心又在哪里？

每个人都想得到重视——所以每个消费者也都有权选择消费的地方。如果企业无法提供比互联网更好的服务或体验，那消费者为什么要走进餐厅、商店或其他的实体店消费呢？消费者想要，也理应获得重视和欢迎——正如他们确实在意的那样。当今的科技与社交媒体赋予了他们权力，可以给你的品牌带来积极或消极的影响。因此，你给顾客提供的体验会对你的品牌产生巨大影响。

研究显示，如今顾客们对服务不只是失望或不满意，还有愤怒。2011 年 6 月 7 日，记者布拉德·塔特尔在《时代周刊》（*Time*）上发表了一篇名为“顾客服务万劫不复”（Customer Service Hell）

> 2011年6月7日，记者布拉德·塔特尔在《时代周刊》上发表了一篇名为"顾客服务万劫不复"的文章。文中提到，尽管有80%的企业认为他们提供的是一流的顾客服务，但仅有8%的客人觉得自己切实从这些公司身上获得了一流的服务。

> 哈里斯互动调查公司在其公布的《2010年顾客体验影响力报告》中提到，有90%的顾客愿意多花钱来确保自己获得一流的服务体验。

的文章。文中提到，尽管有80%的企业认为它们提供的是一流的顾客服务，但仅有8%的客人觉得自己切实从这些公司身上获得了一流的服务。这给那些期望获得某种真正竞争优势的企业带来了巨大的商机。哈里斯互动调查公司（Harris Interactive）在其公布的《2010年顾客体验影响力报告》（*2010 Customer Experience Impact Report*）中提到，有90%的顾客愿意多花钱来确保自己获得一流的服务体验。如果上述企业为它们的顾客提供绝佳的服务体验，而它们的竞争对手却在提供非常糟糕的服务体验，那么它们就不只是与众不同而已，它们就是一流的。

我们熟知的那些大型商场正在成批地失去客源。可大多数商场仍未认识到，它们的症结就在于无法创造一种积极有效的服务体验。除非我们全面解决了这个出在服务上的问题，即全面的服务体验，否则这些企业仍将面临客源持续流失的问题，最终导致营业额锐减。

你需要知道你在哪一级

正如第二章提到的那样，我们针对美国500多家企业所做的独立研究显示，在全美提供的所有顾客服务当中，有超过60%的顾客服务处于一般水平或更差（即不良服务）。消费者不想再为平庸服务埋单，因为那些在意顾客服务体验的企业领导者和员工只需通过些许努力就可以轻而易举地提高服务水平。我们发现，每家商店、超市、汽车经销商、医院、快餐店、酒店、航空公司、金融咨询公司、银行甚至教堂都可以在“体验层级”的5个级别中找到对应的一级。

正如第二章提到的那样，我们针对美国500多家企业所做的独立研究显示，在全美提供的所有顾客服务当中，有超过60%的顾客服务处于一般水平或更差（即不良服务）。

每个企业负责人、经理和员工都要清楚了解自家企业提供的是哪一级的服务和体验及其原因。一旦他们确定了层级和原因，下一步就是要制订落实计划，将服务水平和业务能力提升到上一级。这样的问题并不容易解决，可这恰好是本书存在的意义，即帮助你完成这个目标。

“X”汽车旅馆

一般来说，如果有怨言，人们就会向大概16个人诉说他们的沮丧——这是根据现代科技推断出的一种多米诺效应。如今，

> 一般来说，如果有怨言，人们就会向大概 16 个人诉说他们的沮丧——这是根据现代科技推断出的一种多米诺效应。

顾客积极或消极地影响一家品牌或公司的权力已经进一步提高了积极的“大使”的重要性，它决定着这些企业能否成功、生存和持续发展。

几年前的一个周日的早上，布鲁斯带着他的女儿去教堂做礼拜。走到大概一半路程的时候，女儿说要去洗手间。布鲁斯赶快把车停靠在路边，然后带女儿去了一家“X”汽车旅馆。

布鲁斯很有礼貌地问道：“请问我的女儿能用一下你们的洗手间吗？”前台的接待小姐回应道：“抱歉，不可以。”布鲁斯再一次询问道：“这确实是紧急情况——她真的需要去洗手间。”然而对方回应说：“根据公司规定，非入住客人不能使用我们的卫生间。”这时候，布鲁斯要求见她的经理。接待员离开了 20 秒钟后回来，告诉他：“我们经理说这就是公司规定——你不能使用我们的卫生间！”布鲁斯很生气，但他也知道自己多说无益，就离开了。

尽管结局并没有多么糟糕，但布鲁斯还是写了一封邮件给“X”汽车旅馆的CEO（首席执行官），并问了他一个简单的问题：“非入住客人不能使用你们的洗手间。这是真的吗？”一周后他收到了这样的回复：“尊敬的莱夫勒先生，我们很抱歉给你造成如此不便。以后你在制订出行计划时，如果需要入住酒店，请选择我们的‘X’汽车旅馆。”——随后是一个印戳的签名。布鲁斯并不满意他的回复，所以他写了第二封语气有些强硬的邮件，其中强调了三件事：

1. 你并没有回答我的问题；

2. 我不喜欢你发来的套用信函；

3. 不要再用带有印戳签名的信件回复我了！

这次，他收到的回复内容如下：

尊敬的莱夫勒先生，如果您翻到“X”汽车旅馆章程的第175页，您就会找到答案了。

——随后又是一个印戳的签名。

当然，他们并没有发给布鲁斯一份“X”汽车旅馆的章程或是一份该章程第175页的副本。所以布鲁斯在得克萨斯基督教大学的两个学生去了一家“X”汽车旅馆并带回了章程的复印件。经查看，第175页上根本没有“非入住客人不能使用‘X’汽车旅馆的洗手间”这条规定。

“X”汽车旅馆用套用信函回复布鲁斯，而且不直面回应他的疑问，还使用印戳的签名——这些事实证明，他们在欺骗他。这次，布鲁斯对“X”汽车旅馆非常不满意，所以他决定写第三封邮件，语气更加强硬。到了这个份儿上，他们一定觉得布鲁斯是个难缠的人，所以决定这次给布鲁斯打电话回应。

他们的一个副总裁比尔打来了电话：“莱夫勒先生，你需要知道的是，我们绝不会这样对待我们的顾客。”布鲁斯回应道：“不，你们就是这样对待我的，否则我们不会有现在这个谈话！”比尔说：“好吧，我希望今天能把这件事情处理好。”布鲁斯回应说：“你不能，因为已经太迟了。如果你们的CEO没有亲自打来电话或者发邮件回复我的话，那这件事就没完。”

10天后，布鲁斯收到了一封仅有一页内容、格式为单倍行距的邮件，最后的落款是“X”汽车旅馆CEO的亲笔签名。对方在邮件中不停地道歉，还说“这是我第一次不得不亲自处理您的情况”。布鲁斯回应说：“我知道，但您下面的员工却假装代表您，而且在这件事情上，他们就‘X’汽车旅馆章程的内容对我进行了欺骗。”

现在我们回到前文所说的话：一般人如果有怨言，会对多少个人诉苦呢？大概是16个。

这就体现了“口碑广告”的巨大威力。到目前为止，布鲁斯已经和超过16万人分享了他在“X”汽车旅馆的服务体验（而且还使用了他们公司的真名！）。我们依照这个原理来推算，你把这件事告诉了你的10个朋友。本来到了明年，你的10个朋友打算去“X”汽车旅馆住两晚——每晚的住宿费用是50美元，但现在他们决定不去了。那么，下面是“X”汽车旅馆的潜在损失情况：

160 000（布鲁斯在研讨会上提及“X”汽车旅馆时的影响人数）

×10（这些人会影响的朋友数量）

=1 600 000（潜在损失的顾客数量）

×100 美元（这些顾客每人原本要支付的住宿费用）

总计潜在损失 =160 000 000 美元

所以“X”汽车旅馆一共有 1.6 亿美元的潜在损失——只是因为他们不愿让一个小女孩使用他们的卫生间。有一天这 16 万人会变成 20 万人，接下来又会变成 30 万人——等到布鲁斯的第三本书面世的时候，就会有 50 多万人知道这件事情。

这个事例清楚地阐释了顾客体验的重要性——即便是对那些目前还不是直接消费者的人来说也是如此。我们致力于打造绝对真实的服务体验，它绝不能像灯一样，是我们可以随意开关的东西。如果它真实，而且“魔法就是魔法”，那么它不仅会帮你创造一种更为成功且可输出的服务，还可能会帮你挽回数百万美元的损失。

五级服务体验

在下图中，你将看到我们对 500 多家企业的研究和据此得出的五级体验模型。我们从《财富》500 强和“家庭 500 强”（仅有少数人持股的小公司）中精选出一些以服务为导向的企业作为分析对象。如下是我们的分析结果。

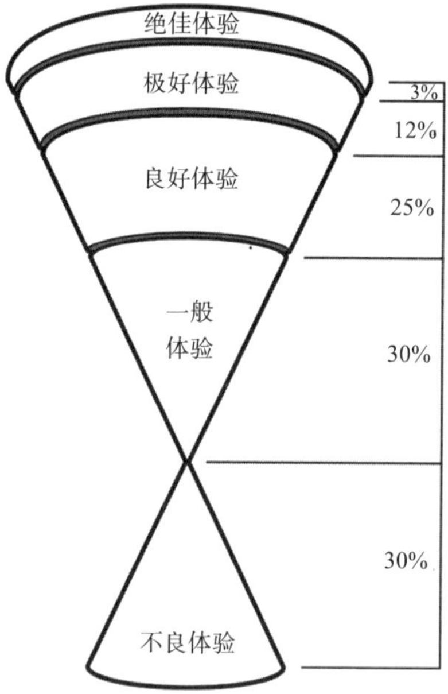

第一级（不良体验）：占 30%

定义："服务冷淡、随意而散漫，致使顾客服务既没有人情味，又令人很不愉快。"

我们定义"不良体验"的原则就是企业所提供的服务确实冒犯了顾客，并令顾客深感沮丧。简单来说，"不良体验"指的就是员工的消极态度，包括带有冷淡、拒绝和明显的漠不关心等意思的各种回应和互动交流。到目前为止，这是最低一级的服务体验。直白地说，处于这一级体验的公司，员工不在乎顾客体验，领导者也没有意识到他们正在损失客源以及面临公司倒闭的风险。

第二级（一般体验）：占 30%

定义："员工们敷衍了事，满足现状，所以提供的服务也很平庸乏味，令人毫无兴致。"

尽管不像"不良体验"那样消极，但"一般体验"这一级仍然让人难以接受。这些公司完全不了解顾客的需求。"一般体验"既不好也不坏——它就是处在"一般体验"的水平上。那些提供平均或平庸服务的公司和个人在提供服务的时候，显得尤为乏味无聊，让人毫无兴致。难道一个关心孩子的家长会跟自己的孩子说出"我希望你能努力当一个C级的学生"这种话吗？"一般体验"也许对一些人来说尚可忍受，但如果你寻求卓越体验的话，它是无法让人接受的。

第三级（良好体验）：占 25%

定义："在这一层级，员工们通常会参与其中，表现得十分友好且讨人喜欢；大多数客人也会拥有一个积极的体验，感觉自己受到了重视和欢迎，重要性十足。"

在我们看来，每家公司、每个领导者和员工至少要从"良好体验"这一级做起。第一级和第二级大概占所有服务体验 60% 的比重。但如果你想成功，成为这 60% 中的一员是远远不够的。因此，第三级"良好体验"就为企业打造卓越服务奠定了基础。关于"良好体验"的一切都有助于每家公司确定自己必须从哪里起步，让它们意识到低于“良好”的任何体验都将让人无法忍受。

第四级（极好体验）：占 12%

定义：“一直保持强劲的关联性服务。员工们会竭尽全力，为每位顾客创造专属服务和相应的服务体验。”

“极好”是体验层级中的第四级，适用于那些愿意竭尽全力为顾客服务的企业和个人。他们为员工创造了一个很棒的氛围，而且在做一切事情的时候都力求卓越。他们拥有全然不同的心态、非凡的态度以及高度的参与感，并且竭尽全力从竞争中脱颖而出。

第五级（绝佳体验）：占 3%

定义：“绝佳服务是整个‘表演’当中的一部分，每个员工都专注于为每位顾客创造一种独特的体验，这会让他们远远优于其竞争对手。”

最高一级的服务体验适用于那些真正的绝佳企业——它们想把服务提升到一个全新的层次上。它们不仅创造了一种难忘而独特的体验，而且通过这种做法又培养出了很多“大使”——一有机会，后者就会将这种体验传遍全世界。

你应该在哪一级

我们要做到名不虚传，而且我们的赢利情况直接取决于我们拥有的新老顾客的数量。考虑到企业发展和成本效益，我们必须专注于以下三点：

- 留住我们现有的顾客。
- 打造“回头生意”。
- 以良好的口碑赢得新顾客。

要想实现这些，最有效的方式就是培养忠实的顾客，把他们转变成“大使”，然后让这些“大使”与别人分享他们的体验。了解这 5 级体验——更重要的是知道自己的层级——对你的企业来说至关重要，因为只有其中某几个层级的体验才会出现“顾客变成大使”的情况。

我们在进行独立研究的过程中发现，那些常与拥有“第四级体验（极好体验）”和“第五级体验（绝佳体验）”的企业打交道的人才会愿意在其社交圈分享自己的积极体验。在进一步研究其重要性时，我们发现“第五级体验”中愿意分享他们故事的“大使”人数几乎是“第四级体验”的两倍；反过来看，在与拥有“第一级体验（不良体验）”和“第二级体验（一般体验）”的企业打交道的人当中，有超过 70% 的人会尽可能在其社交圈分享自己的消极体验。

我们知道企业面临的风险非常高，毕竟大多数行业都存在着激烈的竞争，而顾客积极或消极地影响一个品牌的能力又使得这我们发现“第五级体验”中愿意分享他们故事的“大使”人数几乎是“第四级体验”的两倍；反过来看，在与拥有“第一级体验（不良体验）”和“第二级体验（一般体验）”的企业打交道的人当中，有超过70%的人会尽可能在其社交圈分享自己的消极体验。

种竞争愈加激烈。这就导致企业对卓越服务的承诺没有商量余地：你必须提供一种富有竞争力的、专注于绝佳体验的体验，否则到最后你的企业会陷入麻烦。你可以将服务体验每次提升一级，但最终的目标一定要锁定在“第四级体验（极好体验）”或“第五级体验（绝佳体验）”，从而将顾客转变为自家的“品牌大使”。

提升体验层级的方案

我们的愿望和目标就是要设计一种体验模型，可以与迪士尼在商业世界中广为人知和备受认可的“卓越服务标准”相媲美。然后，我们希望这个模型可以用于检测任何一家企业目前所处的体验层级。然而，这还不够，我们希望读者拥有一套原则作为参照，通过“体验系数提问”的方式挑战自我，再配以“应对策略”进行自我训练。最后，我们希望他们能清楚自己的发展路线，从而帮助他们提升体验层级。

第二部分

正片
（顾客层面）

第四章 第一大原则：印象

迪士尼乐园就是一场“秀”！

——华特·迪士尼

每位顾客对其每次经历都有印象。他们不仅能描述出来，而且还能将这些印象归为三类：积极、消极或中立。尽管“中立”看起来似乎等同于“没有印象”，但它的存在与“积极”“消极”同样重要。“中立”的意思是，公司并没有做出任何让自己或自己的服务区别于其他竞争者的事情。平均水平从来不会给任何人带来灵感。那些提供冷淡或平庸服务的个人和公司所留下的印象表明，他们在顾客眼中一点也不重要。

> 如果你对行为科学有所研究，你就知道看法通常会影响行动，无论积极还是消极、购买还是放弃、下次带家人来还是再也不来。总之，印象产生看法，看法影响行动

印象非常重要，因为它是决定企业与顾客关系变化走势的首要因素。顾客每次与你的公司在任何方面有所接触，都会形成自己的看法。如果你对行为科学有所研究，你就知道看法通常会影响行动，无论积极还是消极、购买还是放弃、下次带家人来还是再也不来。总之，印象产生看法，看法影响行动。

印象通常取决于一家企业的文化：我们是谁、我们的立场以及我们的重视程度。常言道："人们只有知道你有多在意，才会在意你知道多少。"印象就是考量企业及其员工真正重视程度的一个模板。在创造绝佳印象这点上，迪士尼早已是专家级别——它们在迪士尼主题乐园创造的每一种体验都给顾客留下了绝佳的印象。至于它们的秘诀，从进门处如红毯般涂满颜色的水泥地，到离开时伴随的温暖而友好的微笑，贯穿始终的就是坚持不懈地为顾客创造最佳体验的决心。

事先设计+反复练习=绝佳印象

迪士尼的经营理念，就是一定要把公众或顾客所能见到的一切事物加以精心编排并呈现。所以在任何一家迪士尼乐园，演职人员（即内部员工）所做的大约90%的工作都是经过事先筹划和编排的。迪士尼正在创造的，同时也是你的企业必须意识到的，就是这属于企业发展的一部分——迪士尼称之为"这场秀的一部分"。每场成功的"演出"和每个成功的公司之所以能获得成功，主要原因在于它们在设计之初就是成功的。如果我们只依靠机会或没有充分准备，那我们就会陷入麻烦。

我们想一想百老汇的舞台剧或者音乐剧。那些演出团队是如何做到日复一日、年复一年地保持着同一出剧目的绝佳表演水准的呢？答案是通过挑选合适的演员、设定演出标准、不断练习表演技能以及每次演出时都会期望达到一贯的卓越水准。为公司创造积极正面的印象，与完成一场精彩的百老汇的演出或是打造一个“华特迪士尼世界”并无差别。

在迪士尼工作十余年的布鲁斯，曾有幸成为“王国的孩子”表演团队中的一员。当时他们在华特迪士尼世界的“灰姑娘城堡”前演出。该剧时长仅有25分钟，但在正式表演之前，整个表演团队每天都在制作中心反复排练。有一天，布鲁斯计算了一下他们花在排练上的时间，结果令他大吃一惊：“台上1分钟，台下7小时！”排练的重点就在于要把参演人员培养成能够一直重复展现技艺的专业演员。这就意味着“印象”兼具先天性特点和重复性特点，而后者又是我们培训员工并希望他们能够一直展现的。

做大多数人和企业不做的事

那些个人和公司之所以会如此与众不同、优秀且独特，是因为它们能够将自己与竞争者区别开来。我们以一家典型的银行为例。全美所有的银行和金融机构都受到美国政府的严格规限。除了少部分基点不同以外，实际上各家银行没有什么本质区别。这就意味着，真正的差别只存在于“体验”和“员工”两方面。它们所展现的服务态度、服务程度以及个性化服务会创造绝佳的体验，也会产生不良的体验，是终极区别因素。

无论金融业、零售业还是一个主题乐园，提供无偿而卓越的服务的承诺决定着一家企业能否存活。在与拖拉机供给公司前任CEO乔·斯卡利特以及一些优秀一线员工交流的时候，有人跟我说每个收银台上面都挂着一条标语，上面写着："所有的团队成员都有权做必要之事。"这就是做那些大多数人和企业不愿意去做的事情所需的心态和承诺——也就是差别！

印象，以及我们创造印象的能力就是我们所掌握的最强有力的工具之一。我们通常不会意识到自己每天都在不断地创造印象——既有我们自己的，也有企业的。那些第一印象会让我们在顾客的脑海中建立或好或坏的形象。印象会给顾客留下难以磨灭的印迹，即顾客会形成一种根深蒂固的看法。

印象：受迪士尼公司启发得出的十大非协商原则

印象之一：吸引

这是第一印象！积极投入并努力进行首次正面接触。

印象之二：意图

先建立起你的积极意图，然后有意识地提供绝佳服务。

印象之三：感知

与印象息息相关并催生印象的是人的五大感觉系统（视觉、嗅觉、听觉、味觉和触觉）。

印象之四：情感

将情感作为第六感加以检验并挖掘其之所以重要的缘由。

印象之五：展示

对“秀”——我们称之为“业务”的准备和反复演练。

印象之六：专业

从开场到谢幕，专业的表现会一直萦绕在顾客的脑海里。

印象之七：整洁

无论从外到内的设施还是个人形象，整洁对于体验来说至关重要。

印象之八：自豪

服务标准的核心理念。

印象之九：好感

如客人般对待他人的艺术与科学。

印象之十：一致

收获那些愿意分享个人体验的“大使”们的秘诀。

印象之一：吸引

激励员工的时候，你必须要触及他们的思想和内心。

——鲁伯特·默多克，新闻集团总裁

第一印象是所有关系建立的命脉。对新顾客或潜在顾客来说，最初的吸引既是催化剂，也是最重要的关联性拐点。闭上眼睛，回想一下你曾有过的一次糟糕的初次接触。比如在一家酒店或餐馆里：是泊车服务员那衣着邋遢的样子，还是坑坑洼洼的车道，抑或是接电话的服务员在接受预订时的态度？现在，再回想一下你曾遇到过的某个最佳第一印象：是一个微笑或者别的什么难以用语言形容的东西把你吸引进来，让你产生宾至如归的感觉？

> 在罗杰·艾尔斯的书《言如其人》中，他坚称，人们在见面的前 7 秒钟内就能形成对对方的第一印象。

在罗杰·艾尔斯的书《言如其人》（*You Are the Message*）中，他坚称，人们在见面的前 7 秒钟内就能形成对对方的第一印象。在见陌生人的时候，我们通常很快就会得到别人的评价——基于我们的外貌、肢体语言、声调、头型、态度、面部表情、害羞或自信的神情、个性、口音等；而在最初的几秒乃至几分钟内，我们还会给对方留下很多其他的印象。

我们想给人留下深刻印象，事实并非如此简单，我们做了什么、我们的行为方式以及我们所说的话都会对我们接触的所有人产生深刻的影响。在简短的会面中，这种观念尤其正确。我们的调查研究显示，大概有80%的顾客与你的互动是基于他们对你的第一印象。你还要记住的是，第一印象的科学性不仅体现在与人打交道方面，它还涉及物品、地点和服务。试想一个你每天都使用的物品，比如手机。通过旗下各类产品所创造的体验，苹果公司成功打造了一个商业帝国。你的手机是仅用于打电话或发信息，还是会有更多的用途？物品通过它的用途、特性和使用时带来的幸福感，通过普遍改善用户的生活质量，甚至当下的生活来创造体验。

俗话说，“你不会有第二次机会去制造第一印象”。确实如此。当我们真正了解其重要程度时，我们就要学会正确对待第一印象，把它当成绝无仅有的机会，为我们想要创造的关联性体验定下基调。你必须把自己设定为客户、消费者或游客唯一的联系人。就在此刻，除了你，再无他人。如果执行得当，你就能开启那道预想的“体验的大门”；如果执行失当，体验就会大打折扣，而且几乎没有补救的机会。

让每位顾客感到受欢迎

任何一家公司首先能实行的最重要的行动之一就是向顾客致意，让他们感受到自己是受欢迎的。这是你的第一次机会，你要表现得与众不同，让他们觉得自己理应得到更好的待遇，感受到你对他们的重视。这个道理也许很明显，但我们常常记不住：我们的目的是创造一种值得与人分享的体验，它会促使顾客告诉别人你的企业如何让他们感到受欢迎。

让每位顾客真切地感到受欢迎，是你或你的企业肩负的最重要的责任之一。所以在迪士尼乐园每个游乐项目的入口处，你都会看到一个迎宾员。迎宾员的主要工作就是欢迎客人的到来并且给他们指引方向；此外，他们还要提供信息，比如等待的时间有多长，或者这个游乐项目的玩法等。尽管这些看起来都是小事，但他们的工作就是给每位客人创造一个对该游乐项目的积极的第一印象，并且为"顾客体验"定下基调。

是什么让你脱颖而出

是什么让你区别于其他竞争者？是什么让你与众不同？当消费者和潜在客人问"为什么我要选择你而不是其他公司"的时候，你要怎么回应？通常意义上，就是那些细微的差别让你在竞争中脱颖而出。

吉姆·罗恩是我们最喜爱的人之一。他集企业家、作者和励志演说家三种身份于一身，还曾说过这样的名言：让你在竞争中脱颖而出的，就是那四五个细微的差别。只需对这四五个细微差别稍做改进，你的公司就会变得明显优于你的竞争者。在我们看来，这样的细微差别有 5 个，我们称之为“I.C.A.R.E.”五大原则。

我们以星巴克为例。星巴克品牌的与众不同就是基于几个细微的差别，它们合起来就会对公司创造的整体体验和顾客产生的印象有非常大的影响。星巴克已经将他们的员工培养成专家，并且把人们对他们的印象和期许从快餐店员工转变为咖啡厅服务生和咖啡体验专家。以前，星巴克所属的行业被看作“忙碌的饮品供应商”，但这个总部位于美国西雅图的企业大亨已经营造出社区氛围——现在的星巴克已经不再是单纯的咖啡厅，而是人们见面聊天的地方。虽然竞争者很多，但在改变了整个行业以后，星巴克所创造的服务体验享誉全美。如今，星巴克已经在全球拥有超过 17 000 个分店。

顾客就是一切

大多数的首次吸引和第一印象的产生主要与你和你的执行力有关。请扪心自问：库房干净吗？标识亮了吗？我看起来如何？我的微笑和仪态如何？呼吸还正常吗？而当你在做这些事情的时候，第二印象又形成了。他们想要、需要和期望的是什么呢？你又怎样才能最好地将它们呈现出来呢?

人类的天性决定着我们会专注于自我表现，以及在自我表现时的专业程度。和这两件事情同样重要的是，你还必须记得这个等式的另一端——顾客。一个叫玛丽的女孩同时和两个男生——汤姆和鲍勃约会。玛丽对他们两个都非常在乎，于是她的一个女性朋友就问她:“那么，你的选择究竟是汤姆还是鲍勃?”玛丽回答说:“汤姆简直太完美了——他身上有太多优秀的品质。”这位女友非常兴奋，直接总结道:“所以你要嫁给汤姆了!”结果玛丽回答:“不。当我和汤姆在一起的时候，我觉得他是屋子里面最有趣和最兴奋的人;当我和鲍勃在一起的时候，他让我觉得我是这个世界上最重要的人。”总之，这并不仅仅取决于你，这是顾客的选择。

体验系数提问

在你努力给顾客留下积极的第一印象的时候，你的表现力有多强?策略有多高深?

应对策略

对顾客来说，你代表的是公司。你的职责就是要给每位光临的顾客开启和创造一个积极的第一印象。

试试这个

◆ 首次与顾客进行会面时要彬彬有礼、亲和友好。欢迎他们的时候，要由衷地微笑、进行眼神交流以及温暖地问候客人。你可以和自己的同事反复练习，并沉浸于假设自己正给公司里那些接待顾客的员工们进行“热身”练习——我们称之为“吸引健身操”。

试试这个

◆ 开始每天的工作之前，请花点时间照照镜子，给自己一个大大的微笑——以防你忘记该怎么做。然后再试试这些表情：皱眉、愤怒、疑惑，最后是冷漠。你要熟悉上述表情，这非常重要，因为这就是顾客每天看到的表情。

试试这个

◆ 面对顾客的时候，要凝视对方。你的态度越真诚，它就会越多地体现在你的眼中，最后就形成了微笑。凝视顾客会展现你的自信——一个让对方信任你的主要原因。最简单的做法就是先和同事们练习，以及在家里练习。养成眼神交流的习惯，观察“顾客体验层级”的提升情况。

印象之二：意图

开始一件事的方法是停止谈话，开始做。

——华特·迪士尼

我们必须要认真考虑如何服务他人以及如何提供更好的服务。在可交付服务的背后，我们必须要有意设计一个带有目的性和个性的计划。优秀的企业会设定其希望提供的业务类型和服务品质的期望值以使自己与众不同，然后再通过文字和视觉效果让顾客了解其意图。

位于加州纽波特海滩时尚岛购物中心的岛屿酒店是我最喜欢的酒店之一。这里除了拥有舒适的房间和宜人的景色以外，其服务的周到性也可称得上前所未有。我宁可多支付一些费用住在这里而不是其他费用更低的地方。这里的员工不仅总是会记得我的名字（我不清楚他们是怎么做到这一点的！），而且他们的服务让我觉得，似乎我就是他们唯一在意的人。

我讲一个具体的例子。有一次我要参加一个早上 5 点开始的探险活动，我到达码头后发现自己没带钓鱼许可证，我赶忙给酒店打电话，然后打车赶回酒店。刚到门口，我就发现一名员工提前去我房间（已获得我的允许）取了许可证，正拿着一杯符合我的怪异口味的咖啡站在那里等我。我对他说：“你们简直拥有全国最棒的服务！”他回答道：“先生，这是我们‘有意为之’的！”

言行一致

尽管这种意图必须付诸实践，但同样重要的还有顾客早该认识到他们可以期待极好的服务和绝佳的体验。最近，布鲁斯和布赖恩入住了一家四季酒店。刚刚办理完入住手续，他们就听到前台的那个女接待员说：“我们就是想为您创造一种极好的酒店入住体验。”然后她带着他们走到大堂的电梯口，并给了他们俩各自的房门钥匙。现在你可能不会觉得这有什么了不起，但这些小事恰恰带来了最大的不同：她的积极态度、为我们提供极好服务的方式，还有她立即付诸行动的方式。

即便你在自己的领域内是一流的，你仍会忽略许多事情。当涉及体验的时候，无论实际行动还是表达期待，你一定会表现出始终如一的态度。定期向你的顾客群传递这种理念，也会产生消极的影响：如果你没有做到言行一致，那么顾客对你的期望值很可能一落千丈。然而我们相信，面对多少期待，就会付出多少努力。

在迪士尼，顾客的期待值非常高。他们要享受魔法般的体验，而且一旦之前创造的印象出现了漏洞，他们会大失所望。所幸的是，那些漏洞很不常见，而且领导层和“体验大使”很容易就能发现并且将其修复。有一条非常重要的原则是这么说的：为了满足消费者的期望，员工通常会相应提高或降低他们的能力。换句话说，人们会自然而然地做到他们必须要做的事，甚至会多做一些。酒店行业就是一个最好的例子：如果一家酒店是经济型酒店——这一点你从它附近的道路就可以判断出——对那些只想要一张床过夜的人来说，它提供的已经足够了。这就是顾客的期待，也是全体员工力求提供的服务。我们很多人都有能力依照他人对我们的预期进行自我调整。

有意为之

要想成功地展现意图，我们应该培养一种视野：我们想走多远，以及如何到达那里。而绝佳体验的出现就从我们的意图开始。可悲的是，最近弗雷斯特公司（Forrester）的研究发现，仅有37%的公司领导者愿意在顾客体验改善项目上投资。你的精力、资金和时间必须要用于提升体验，否则你希望提供的最佳服务也不过停留于平均水平。每个员工都要参与其中，而且每个领导者都必须提出一个明确的最终结果，并简单明了地告知每个员工。

> 可悲的是，最近弗雷斯特公司（Forrester）的研究发现，仅有37%的公司领导者愿意在顾客体验改善项目上投资。

有些体验的产生纯属偶然，还有一些体验是因为运气或者天时地利而产生，但大多数印象都是并且也应该是有意为之。一种能给人留下深刻印象并让人愿意分享的体验根本不是靠运气产生的，而是带有人们的意图。

体验系数提问

为积极的服务所做的努力是否完全传递给了顾客？员工们都能有意识地去满足顾客的期望吗？

应对策略

你的责任就是有意营造一个积极友好的环境，让来此的每位客人都感到受欢迎、受重视，以及自己是重要的。

试试这个

◆ 制定“10 英尺[①]规则”：每当距离顾客或同事 10 英尺以内，你就要微笑着和他们打招呼，进行眼神交流，让他们感到受欢迎。

试试这个

◆ 详细询问顾客一天的感受，对他们的装束或孩子进行评论，并给予建议，提供有价值的内容或帮助他们改善某些东西。

试试这个

◆ 专注地进行有意图的活动，建立“100% 肌肉”模式。和你的同事们一起练习。试着让顾客感受到他们就是此刻你最在乎的人。别让

① 1 英尺 = 0.304 8 米。——编者注

任何事情或任何人干扰你，让你分心，尤其是你的手机、日程安排或是你的疲惫。

印象之三：感知

因为拥有 5 种感官，人类才能探索宇宙，并称这段冒险为“科学”。

——埃德温·鲍威尔·哈勃，天文学家

在运用 5 种感官方面，迪士尼可称得上大师。它雇用的员工，专长就在于如何充分利用视觉、嗅觉、听觉、味觉和触觉。迪士尼还研究了关于客人的一切欲望和习惯。迪士尼常常会大量使用黄色、红色、亮蓝色和紫色等色调，这是有原因的——因为这些颜色属于暖色。再看看卡通人物的服饰：米奇的裤子是红色的，米妮的蝴蝶结是紫色的，唐老鸭的外套是蓝色的。你进入乐园会看到，迪士尼用这些颜色装点了整个园区。通过反复试验和专业的颜色分析，迪士尼已经从调色板中调出了那些暖色，并用于装饰乐园，给人十足的幸福感。

你还记得年轻时你和别人共同度过的美好夜晚吗？也许已经过去了 10 年、20 年甚至 30 年，但每当你闻到同样的味道，听到同一首歌曲或是再次看到那个地方，那一晚的情感和记忆就会不断涌上心头。这些感官和你大脑里触发的神经一起创造了那些极其强烈而又令人回味无穷的思绪和记忆。

视觉，带来最持久的第一印象

很多人首先会受到视觉刺激的影响。我们见到的事物能够带来最持久的第一印象。迪士尼出色地利用颜色和设计缔造非凡就是它与众不同的特点之一。通常来说，迪士尼的市场营销部就是负责通过标识、宣传手册以及在各个主题乐园展出的大量艺术作品来创造“迪士尼魔法”的主力军。

众所周知，实体店会率先迎合你的视觉感官，尤其当小孩成为目标顾客的时候。如果小孩叫你买那个最亮眼、最新款或者“我一定要得到它”的玩具，那就意味着店家达到了目的。令人惊讶的则是他们“狡猾”地诱导客人在店里待得更久一些，买更多的东西。这一理念甚至也用于餐饮业。知名厨师吉娅达·德·劳伦蒂斯曾说过：“我对色彩斑斓的食物是非常有食欲的。当然我知道口味众多，但我想我们首先是用眼睛‘吃’，所以食物一定要看上去非常棒，它的出场一定要非常棒。”

美国劳工部在最近的一项研究中指出，人类的体验式学习中有83%来自视觉，剩下的17%则来自其他感官——11%来自听觉，3.5%来自嗅觉，1%~1.5%来自触觉，最后的1%由味觉完成。室内设计师和营销广告总监对这些数据非常了解，所以常常

> 美国劳工部在最近的一项研究中指出，人类的体验式学习中有83%来自视觉，剩下的17%则来自其他感官—11%来自听觉，3.5%来自嗅觉，1%~1.5%来自触觉，最后的1%由味觉完成。

能充分利用它们。营销专家了解到，某些颜色会引发不同的情感。比如红色通常被用作力量的代表色，会在人与人之间制造冲突或发起行动——就像公牛眼睛的标识，以及塔吉特公司（Target）的商标。你能想象一个不是红色的靶子吗？一种淡淡的色调，比如天空蓝，无法代表与红色同样的力量和勇气。

在每个迪士尼主题公园的各个区域，铝制垃圾桶的颜色与该区域的色调相呼应。这些主题垃圾桶被有意设定为“相距25英尺”。因为迪士尼发现，如果在25英尺以内就有一个垃圾桶的话，客人就不会把垃圾丢在地上。甚至，街灯都被刷成符合所在区域主题的颜色，其目的就是让主题区域的每个方面都不会破坏该区域所要呈现的整体性。有些人可能会认为这太极端，但我们认为这就是“印象的艺术”。

嗅觉，更准确的记忆

布鲁斯最喜欢的一种迎合顾客感官的策略被用于“神奇王国”主题乐园的“美国小镇大街”园区。在糖果店里，有一间用玻璃窗封起来的小屋子。制糖者通常会在屋子里面制作花生糖，客人可以透过玻璃窗观看。房间里安装了一种特制的通风系统，能够让香味飘出来，再由一个排气管排到“美国小镇大街”上。大街上的客人就可以大口大口地吸到花生糖的甜香味。就是这样一个简单的设置，首次投入使用就使“美国小镇大街”上的花生糖销量涨了三倍。

嗅觉对你的成功同样重要。嗅觉能够给顾客带来一种情感体验。鼻子里面的感受器每天能检测到成千上万种气味，并且通常有助于和大脑产生情感上的联结。正如宜人的气味通常会创造快乐或积极的记忆一样，难闻的气味则会造成相反的效果并会“赶走”顾客。比如鱼腥味、垃圾味，甚至未经恰当处理的厕所的气味等恶心的味道将客人拒于千里之外，而且他们不会再回来。

气味和记忆的联系也非常紧密。据各种研究表明，长久存在的气味所保存的记忆比视觉记忆更准确。我们闻到的大多数气味能够很快将我们带回到以前的记忆中。比如一个退役的足球运动员在踏上一个刚刚修剪过的散发着青草香气的运动场时，他会立刻回想起曾经在球场上的那些日子。他会产生一股冲动，希望能够回到过去，再踢一场比赛。

听觉，让顾客“听”而不是“听到”

人们经常会问自己：“他们听到我说的话了吗？”其背后真正的问题是：“有人在听吗？”二者的差异在于选择的问题。“听到”是一个非自愿的过程，来自噪声、振动、耳朵里的气体流动以及传到大脑里的声音。噪声来到大脑这个最终的目的地的过程会有些复杂，但这时候，“听”发生了。

“听”是一个自愿行为，是我们试图从听到的噪声中获取有效信息的过程——无论是你的伴侣让你去跑腿做事，还是你的老板跟你讨论关于你的项目的近期销售数字。在任何情况下，“听到”和“听”都极为不同，因为后者是自己主动要去从事的行为。

“听”究竟是如何发生的呢？这一过程中的4个步骤如下：

1. 听到——声音从鼓膜进入，直入大脑；
2. 参与——大脑接收到声音，辨别出其中的主要信息；
3. 理解——挑出有用的部分，将其应用在社交语境中；
4. 记住——将信息存储起来，以备后用。

我们对这个过程的大部分步骤已经很熟悉了（除了“记住”这个步骤）。观众只会从他们听到的晚间新闻中获取一小部分信息，即便有暗示，他们也不会获取更多的信息。

所有这些对你来说意义何在？在获取体验的过程中，你的目标是让顾客参与其中——他们在听你的意图、你对他们的欢迎、你强调的注意事项以及提供的卓越服务——而不仅仅是听到而已。

味觉，将体验融入饮食

迪士尼集团拥有将近100家餐馆，因而味觉也成了他们提供顾客体验时不可或缺的一部分。尤其在艾波卡特主题乐园，味道的多样性早已蔚然成风：从德国的啤酒花园、日本的桂太郎烤肉馆，到中国的九龙餐厅和摩洛哥的马拉喀什餐厅，甚至是美国本土的自由酒店，口味之多，数不胜数。千万不要低估美国消费者的食欲，并且要留心他们对于食品质量和数量的每一条评价。

一个名叫“意念巧克力”的新公司正在把“美味体验”的概念提升到一个全新的层次。他们的宗旨是“将好的意念倾注其中”：在上菜之前有一个步骤，先将好的想法和情感注入食材中。根据公司在威斯康星大学做的双盲实验——实验者通过让两拨消费者分别品尝“意念巧克力”和其他巧克力来检测他们的舒适感，这个办法最后真的成功了！相对于普通巧克力，“意念巧克力”让消费者的整体情绪改善了 67%。所以在准备和提供一顿饭的时候，无论是出于冥想、祈祷还是单纯想多一些关心，我们都有理由把专注力放在可融入饮食中输出体验的意图和印象上。

触觉，收集和传递信息

华特迪士尼世界是围绕触觉和感觉设计的，它们可以用来收集和传递信息。比如在我们的文化里，握手可以传递出很多信息：一个无力的握手体现了对方的不满或缺乏自信；一个强有力的握手则表现出自信或掌控力。顾客对房间或环境的感受是非常重要的。如果电影院、酒店房间或餐厅的温度太高或太低，就会发生一些意想不到的事，比如会毁了他们的体验，不是吗？

让迪士尼与众不同的，就是他们能够把5种感官整合到一起，并体现在他们的表演和服务上。我们知道5种感官可能不会完全适用于每家公司、每个产业或每种体验，但它们当中一定有一些感官适用于你正在努力创造的印象，所以我们有必要做到这些事项。

体验系数提问

在适用的前提下，这5种感官（视觉、嗅觉、听觉、味觉和触觉）在创造积极的顾客体验时能起到多大作用？

应对策略

每一种感官用得越有效，你在创造一种难忘印象的时候就会越成功。

试试这个

◆ 你和顾客初次见面时，首先要以专业的眼光看向对方，然后试着根据你眼中的对方，相应地用声音表达你的热情与自信。这就是视觉和听觉的作用。对顾客来说，这两方面通常是最值得注意和最容易留下深刻印象的。

试试这个

◆ 每位顾客都有自己的禁忌。要做笔记或用其他技术手段记录顾客们的喜好、厌恶和兴趣并进行归档，从而直接迎合他们的偏好。当你能领悟到顾客所想的时候，你就可以理性地“接触”顾客，以此留下如你所愿的印象。

试试这个

◆ 询问一名顾客/一个朋友，请他诚恳地提出关于你的公司散发出何种气息的看法。然后思考一下，你需要做什么才能提高、改变或改善这种情况。

印象之四：情感

人类行为有三个源头：欲望、情感和知识。

——柏拉图，古希腊哲学家

有人称情感为“第六感”。情感的力量非常强大，以至能够积极影响他人的情感。广告主和企业在推销他们的产品和服务时，一直都在尽可能充分利用消费者的情感。理查德·布兰森爵士曾说过：“我从来都不是很擅长跟数字打交道，但我觉得我在情感方面做得还不错。我也确信，是情感让维珍这个品牌在很多方面都大获成功。”情感唤起记忆，而记忆影响行为，导致人们经常会重复过去，也因此培养出忠诚感，并让人们对一些特定的品牌和服务喜爱有加。

制造情感

人是关系型动物。大多数人会更倾向于使用情感或理智二者之一，却很少会赋予两者相同地位。因此，公司每年不惜花费数十亿美元，通过在广告中聊梦想、讲需求、谈志向等方式触碰我们的心弦，影响我们的情感。神经学家唐纳德·凯恩曾提道："情感与理智的根本区别在于，情感导致行为，理智导致结论。"简而言之，情感作用于心，而理智则完全是大脑活动——以理智解决问题。

换而言之，情感会表示，"我要这个"；理智则会反对："我为什么要这个？"

我们会倾向于将二者结合起来。通常来说，情感会把消费者与一个特定的品牌联系起来——坦白说，前提只能是我们想从理智中走出来休息一下，只想跟着感觉走！

迪士尼在制造情感方面也是大师。他们会通过广告、景点、演出、烟花和服务等各种媒介来制造情感。显而易见的是，迪士尼所做的一切既专心又意有所图：他们想建立关系，并且制造情感。迪士尼制造的情感包括"我错过了什么"、"我等不及要回那里去了"以及"这是我们应得的"。这些情感通常会以这样的举动和想法告终："我要和每个人分享我的体验！""我要买一切带有'迪士尼'字样的东西！"

将情感融入价值主张

有些公司已经能将情感行为和反馈融入他们的价值主张中。我曾有幸和一家金融咨询及财富管理公司合作。这家特别的企业不仅对客户体验的价值定位很高，而且还引进了一种认知方法，能够将体验切实交付出去。公司相信，理解人们在情感上的反应以及对金钱的感受的这门“科学”应该跟提供专业建议这门“艺术”结合起来。将情感融入可交付价值当中是非常可行的，但现在只有几家公司这样做，它们借此改变着各自所在行业。

尽管迪士尼的主题乐园已经将情感慢慢渗透到其价值主张的各个角落，但对于纯粹以服务为导向的企业或零售企业而言，将情感融入自身的价值主张中仍然存在一些困难。其他类型的公司则在证明，这一点可以做到，而且更重要的是，它的可复制程度非常高。

4种情感动因

人类大脑会分泌4种情感驱动型化学物质，能够通过体验引发行动，它们是内啡肽、多巴胺、血清素和后叶催产素。内啡肽提升人体驱动和耐受力，多巴胺帮助我们实现目标并确定我们完成某事，血清素带给我们的是骄傲与自信，后叶催产素则催生了爱与善意的行为。

为了弄清楚让人们从事某种活动的原因，比如消费和重复消费，我们可以看看有关这 4 种化学物质对体验的反应的分析。

1. 促使内啡肽分泌出来的体验来自找寻的兴奋感。迪士尼做到这一点是通过它们的主题乐园和展示，把预想变成了现实——甚至你在排队的过程中都能产生兴奋感。迪士尼的很多景点都有关于游乐设施的视频和内部预映，最近甚至在排队时增加了互动游戏，建立你对即将享受到的乐趣的预期。

2. 促使多巴胺分泌出来的体验来自由特定结果产生的成就感和自豪感。有些顾客经历过的这种成就感，就是在他们去目的地时获得的。他们一到达就产生了极为正面的印象。迪士尼还形成了一种传统，即设置特别奖励，比如为迪士尼的 VIP（贵宾）客人准备的 33 号俱乐部、假日俱乐部以及各种其他专享机会，让客人感觉获得了独特的体验。

3. 促使血清素分泌出来的体验来自特别的赞赏及认可。迪士尼做到这一点是通过让每个人都感觉自己是重要的客人，以及让他们感觉自己就是这场表演的一部分——比如尽可能让他们参与到一场表演中，或者在体验的过程中拍下他们参与活动的照片。

4. 促使后叶催产素分泌出来的体验来自在员工与顾客之间培养一种爱和归属感，让他们有团体意识，能相互沟通。迪士尼做到这一点是通过创造一个难忘的体验，让人们自主变成“大使”，与他人分享、比较他们的体验。迪士尼不只是一个目的地，还是一个社区。你只需在离开乐园时，以及在搭乘去往或离开迪士尼乐园的飞机上时看看所有的“米老鼠耳帽”，就明白了。

我和我 4 岁的儿子第一次去迪士尼的经历恰好阐释了以上这 4 种认知动因。我们去了“魔法王国”，还去了火车站，右边是“小镇广场剧院”——这里算是米奇的家，所以客人有机会到后台和米奇本人见面。下面就是这门“科学”，共分 4 步。

第一步，当你开始期盼见到世界上最著名的卡通人物之一的时候，内啡肽开始分泌。随着你越来越靠近后台，布景、表演人员和这里的一切都让你的心跳加速。

第二步，你走进后台，你受到的待遇让你感觉自己就像是世界上为数不多有机会见到伟大的米老鼠的人之一，此刻多巴胺开始分泌。尽管对一个成年人来说这听起来很傻，但孩子们常常会觉得他们就像被选中参见王室成员一样。

第三步，当你走到米奇的化妆间，他转过头来对你说：“啊，你做到了！”这感觉就像米奇一直在等你到来。这时血清素就开始分泌了。米奇甚至都知道我儿子的名字。真神奇！米奇的新式机器嘴巴能够让他和任何人交谈。米奇会问你今天过得怎么样，然后给每个人一个拥抱，并拍照留念。

第四步，到这个时候，你已经拥有强烈的爱和归属感，那么后叶催产素就开始四处乱窜。出口就是布置精美的礼品店——充分利用你此刻的情感来促进消费；然后你就走出这栋建筑，回到了小镇中心。成百上千的顾客就在这里相互交谈，彼此分享他们刚刚经历的这个非凡体验。

现在，它完成了！迪士尼并不只是善于留下理性的印象。从拖拉机供应公司所采用的“对外以稀有产品做店面展示，从而建立兴趣和期望”的策略，到西南航空公司的“到达预期目的地时鼓掌庆祝”这一鼓舞人心的传统，伟大的企业都已经学会如何创造认知性体验。这 4 种认知动因非常重要，而且应该一直作为重中之重，从战略角度为顾客创造、实施甚至修复整体体验。

体验系数提问

这种承诺有多清晰？你有为顾客建立情感印象的计划吗？

应对策略

这个通常会被遗忘的“第六感”就是我们创造的情感，它会在企业、产品或服务中逐渐形成一种渴望而自信的感觉。

试试这个

◆ 首次见到顾客的时候，要读懂他们的面部和肢体语言。学会修饰你的言论和提高表达技巧，以符合他们当下的心情。这会让你跟他们建立连接并了解他们的态度，然后你就可以学着如何最好地服务他们。

试试这个

◆ 通过专注于具体的情感动因来解构你的价值主张，并找寻机会创造印象。这些动因就存在于让你和顾客建立更牢固关系的可交付体验之中。

试试这个

◆ 专注于为消费者建立可能的兴趣、兴奋和期望。找到吸引顾客的方法，让他们在第一次光顾时就在情感上难以割舍。建立消费者对那种“喜悦”的瞬间的期望！

印象之五：展示

我们的工作就是对我们能力的展示。

——爱德华·吉本，英国历史学家

你能在多大程度上展现自己和公司的优点，这明显是你获得成功的一个必不可少的组成部分。展示和表演的秘诀贯穿在筹划和准备的过程当中。现在我们知道，成功不可一蹴而就，你必须仔细认真、讲求方法地进行计划。尽管常言道“熟能生巧”，我们发现“熟”并不一定能“生巧”，它只能养成一种习惯。所以恰当的说法应该是“熟能生惯”。在迪士尼，这就叫“排练演出”——换句话说，也就是坚持做好自己的工作，从而实现卓越。

展示到最后就变成了可信度。银行出纳员或接待员的工作乏味无聊，但依然有人干劲十足、沉浸其中，前提就是你要认为自己是“绝佳体验”的专业创造团队的一分子。这一道理也同样适用于迪士尼的任何工作（角色）。有无数的工作（角色）要求员工具备完全相同的技能——你会在快餐店员工、家庭主妇、园艺师、停车管理员、保安等人身上发现这一点。所有这些都与展示或表演有关。关于体验的各个方面都必须要“表演就绪”，否则“绝佳体验”就会变得遥不可及。

当你在经历糟糕的一天、生病或者压力过大时，你会有两种选择：回家，或者做好自己的工作——迪士尼称之为“换上表演的面孔”。而且你必须尽可能做好，因为“演出还得继续”。

顾客可不管你昨晚通宵聚会、生病、疲惫不堪或者讨厌自己的工作，他们并非冷漠无情，但当一个四口之家花了大概 1 500 美元——这是他们攒了一年的钱——就为了来迪士尼主题乐园玩一天的时候，他们想要看到开心、快乐而积极的员工愿意尽全力确保他们能玩得尽兴。

不只是排练

展示的一个重要步骤就是准备或排练。军队称之为训练和“战争游戏”，但迪士尼称之为“排练演出”。它不只是训练，还是为了让员工做好准备以应对一切可能发生的情况。预演的准备都是关于这样的问题：“我们准备好了吗？我们已经有了所需的一切了吗？”

布鲁斯在迪士尼的工作职责之一就是和那些给客人做现场表演的剧组成员们一起工作。布鲁斯教该剧组的人如何利用他们的音调，传达出具有个性风格和专业特点的正确信息。他很惊讶，因为剧组里很多演员不知道他们的声音能够影响他们的表演。布鲁斯每天都会建议他们："你们需要投入一些活力和热情在自己的声音上。"以这种方式讲话就能传递出自信，而自信就可以被解读为可信任。

不着痕迹地事先编排

顾客通常能够判断出你是否做作或者假装热情地表演。如果你只是在应付差事，你就会给顾客留下"虚伪"的印象。我们曾向去迪士尼游玩的一个由 100 名游客组成的旅行团提过这样的问题："你们是否觉得剧本的排演是刻板做作的？"在参与投票的人当中，有 90% 的人做出了肯定回答。随后我们又问道："你们是否觉得迪士尼的固定演出是事先编排好的？"结果只有不到 10 个人认为迪士尼表演是事先准备好的。迪士尼在这方面的与众不同表现在它们会根据每个演员的个性进行培训。在

我们曾向去迪士尼游玩的一个由 100 名游客组成的旅行团提过这样的问题："你们是否觉得剧本的排演是刻板做作的？"在参与投票的人当中，有 90% 的人做出了肯定回答。随后我们又问道："你们是否觉得迪士尼的固定演出是事先编排好的？"结果只有不到 10 个人认为迪士尼表演是事先准备好的。

参与投票的人当中，只有10%的人觉得迪士尼的演出是事先编排好的；根据布鲁斯的说法，他们大约有90%的演出都是事先编排好的。如果你真的亲力亲为，而且在准备过程中展现你的个性，那么事先编排也并没有什么错。

令人惊讶和备受鼓舞的是，所有的员工、演职人员和“大使”共同合作，制作了一台“策略音乐会”，从而展示了一场绝佳的表演。这一行动及其执行的程度就成了这个体验最精髓的部分。一旦搞定了它，那就是一场视觉盛宴。

体验系数提问

展示之前的准备和编排真的是绝佳体验策略中的一部分吗？

应对策略

每位员工的展示反映了他们每个人对创造这一体验所做的准备和贡献。

试试这个

◆ 创造一种极具个性的打招呼方式。它既不是刻板的，也不是每个人都会使用的。下面列举了一些示例，但还请自主创作：

“欢迎光临！感谢您今天驻足于此。”

“早上好，很高兴见到您。”

“欢迎光临！有什么具体的东西是我可以帮您一起找的吗？”

“下午好。今天我们可以怎么帮您呢？”

试试这个

◆ 建立自己的“非协商原则”，即关于卓越的标准。无论公司还是个人都要确立这一原则，并确保你会和每个值得信赖的人分享它。

试试这个

◆ 制作一个“活力热情仪”。这一点可以在公司或部门里完成，也可以独自完成。不断拿它评估自己和整个团队。只有记录下自己的进步，你才知道自己可以走多远。

印象之六：专业

如果你认为专业的很贵，那你就等着试试业余的吧！

——保罗·阿代尔，美国油井灭火专家

回想一下过去：还是孩子的你遇到了第一个在职业上给你留下深刻印象的人，他可能是飞行员、列车长、警察、牧师或政客。你很可能对这些工作深表敬畏。从他们的制服到脸上友好的微笑或是一顶帽子，你会对眼前的这个人感到惊讶。对你来说，这是个令人振奋的时刻。你很可能回去对爸爸妈妈说：“有一天，我一定要成为他或她这样的人！”这就是那个印象，应该成为任何一个内部“体验大使”的目标和所有顾客服务行业从业人士的标准。

你的专业程度给人留下印象了吗？这说起来容易，但实现起来非常难。你只有很短的时间给他人创造一个有关自己的积极印象，然后是你的产品、服务或者你代表的公司。要记住：对顾客来说，你就代表了公司。如果顾客在光顾店铺的时候，你是他们见到的唯一的工作人员，那他们对公司的看法就很可能取决于对你的看法。如果对你的看法消极，那他们就会带着对你的公司较差的印象离开。

事实上，每家企业都想给每位顾客留下积极的印象。员工和公司在提供服务时要具备怎样的重要品质呢？可信赖，诚实，还是积极性？大概能够最好地体现以上几种甚至更多品质的就是专业程度。当员工和企业表达他们是专业人士的时候，几乎等同于让顾客明白“我能掌控一切”。要成为一名专业人士，需要具备一定程度的能力，要自信、可依赖。所以人员培训和排练演出才会对任何想要获得成功的公司如此重要。员工的能力越强，他们在展示自己的时候就会显得越有自信、博学以及业务娴熟。

研究角色

要想成为一名专业人士，你必须首先研究这个角色。你肯定要担任这个角色，但如果不先研究它的话，你为实现专业性所做的其他任何努力都是徒劳。

我们首先来看个体的情况。我们对几家杂货店进行了“体验系数”测试，重点以两家超市为研究对象：其中一家超市允许员工在任何情况下都可以穿牛仔裤，而另一家超市设定了着装标准——随意但须专业。尽管并非所有员工都穿着精致的衣服，但这给顾客传递出一个细微的信息，即“我们是专业人士，而且为了你，我们对自己的身份做了充足的准备”。而前一家超市则并没有过多展现这一点。

研究角色在每个行业的体现各不相同，但相同之处在于，就行业标准来看，你作为专业人士的重要程度。这种有意为之的专业程度不仅会帮你和顾客打交道，也对作为职员的你有所帮助。以金融业为例。CNN（美国有线电视新闻网）最近的一份研究显示，有55%的衣着光鲜的金融从业者更可能得到晋升。这还只是内部数据。如果看外部数据的话，在对金融咨询客户进行的独立研究当中，我们发现想要跟衣着职业的人做生意的客人数量是其他人的两倍。这就是差别。

CNN最近的一份研究显示，有55%的衣着光鲜的金融从业者更可能得到晋升。这还只是内部数据。如果看外部数据的话，在对金融咨询客户进行的独立研究当中，我们发现想要跟衣着职业的人做生意的客人数量是其他人的两倍。这就是差别。

扮演角色

研究角色固然重要，但我们经常会说，“魔术就是魔术”。这就意味着你还要扮演这个角色——简而言之，这就叫“做好准备”。你会惊讶于自己在一个新的关系中，仅靠做好准备、自我调适并以“自己能处理好任何情况”的状态去做事所得到的信任和效果。扮演专业人士这一角色会让顾客感到舒服，并且相信你提供服务的能力。专业人士会让顾客舒舒服服地购买服务。

身份

我们来谈谈名牌。如果你是一名迪士尼员工却没有戴自己的名牌，那么你在那一天都不可以工作。你的名牌是向客人确认你身份的最佳方式。经常在医院工作的布鲁斯会留心注意有多少员工没有戴名牌。名牌并不一定要用在体验的各个生产线和层级上，事实上，如果名牌用在了错误的环境中，它反而会成为祸害。但在某种程度上，“内部体验大使”的身份是极其重要的。

现在，迪士尼会在名牌底部写上员工的出生地。这绝对是“神来之笔”，因为这样就可以和陌生人立刻建立关系并开启对话。我们遇到的很多迪士尼演职人员来自不同地域，包括欧洲、亚洲、大洋洲、非洲以及其他地方。人们很容易忘记体验的终极目标，那就是建立关系以及随之诞生的“大使”来和他人分享自己的体验。在安排创造体验的“策略音乐会”时可能会出现混乱，关于关联性体验中的这一条主要概念绝对不能被遗漏。

着装标准

迪士尼制定了非常严格的着装标准。布鲁斯在迪士尼工作的时候，头发的长度是有规定的。鞋一定要擦亮，而且所有演职人员都必须身穿专为他们要工作的地方所设计的戏服（工作服）。不管是否要穿制服，所有从事客户服务的公司一定要有一套着装标准，此举就是为了创造公司想给顾客传递的良好印象。如果没有这种标准，公司员工会给顾客提供极易被混淆的信号，顾客不知道他们是谁以及代表着什么。

如果你还记得IBM（国际商用机器公司）早期的事情，你可能会想起，每个销售人员和经理都必须身着海军蓝外套、白色衬衣和黑色鞋子。IBM的每个员工看起来就像复制品一样——你甚至可以在一英里[①]远的地方就能看到他们。虽然这听起来很死板，但它向顾客传递了一条信息：我们是专业人士，代表着卓越和一致。单单这一条原因，就会给顾客带来对IBM的信任感和安全感。它会和品牌及其特性相匹配——这是你无法用价格去衡量的。

① 1英里≈1.609 344千米。——编者注

体验系数提问

当你面对顾客群体时，从见面到打招呼的一过程中，专业程度是要首先被体现的吗?

应对策略

专业人士就是在工作的各个方面都要表现卓越，而且只能是卓越。

试试这个

◆ 创造并严格遵守着装标准（后者更重要），从而体现你想要展示的专业程度。确保你的着装标准符合顾客的理念和期望。卫生状况是首先要确保的。不要太循规蹈矩，而是要体现个人或团队的自豪感，以此反映专业品牌的特点。

试试这个

◆ 做笔记。在视觉和大脑中都树立一种形象，即如何成为那个把一个特定角色或职位做到最好的人。记下那个人的心态，他或她如何着装、接近顾客、与气势汹汹的顾客打交道、从灾难般的服务中恢复等。首先确定这些独特的品质，然后设定一个行动计划，即自己如何将这些技能运用到工作表现当中。

试试这个

◆ 学会自言自语，它可以将心态转化为技能。你肯定早就听说过，这感觉就像一种陈词滥调，但很管用：如果你认真研究了那个角色，你就会把它做好！对你来说很重要的就是自信而博学地表现自我；反过来，你的自信程度还会带来顾客对你的信任感。

印象之七：整洁

我绝不允许任何人的脏脚迈过我的头顶。

——莫罕达斯·甘地，印度政治领袖

20世纪40年代末，华特·迪士尼总会把周六作为“父亲日”，在这一天陪他的两个女儿玩。他最喜欢带孩子们去的地方就是当地的游乐园，让她们在那里玩上个把小时，自己则在一旁看着她们，同时又幻想着什么。那时候，他对游乐园和狂欢节中员工们的素质印象很差，对粗劣的维护和低级的清洁标准也是厌恶不堪。他经常会跟自己说，如果他要建一座游乐园，那肯定会与众不同：环境整洁，员工愉悦、穿着得体；人们在这里会有安全感，全家人来此共享乐趣。

“父亲日”的种种经历在迪士尼的心里埋下了灵感的种子，最终这也永远改变了游乐园乃至全世界的面貌。在一次火车旅途中，华特决定要自主设计乐园，而且要与那些司空见惯的乐园区别开来。它不会只有旋转木马、游乐场或者狂欢节上的叫卖者，而是由不同主题甚至不同时代的元素组成。他甚至不会称之为

“游乐园”，因为这个称呼带有贬义。它会是一个主题乐园。就在那时，他创造了一个全新的产业，一种全新的体验就此诞生。

在《华特 · 迪士尼：一个独创式美国天才》（*Walt Disney: An American Original*）一书中，作者鲍勃 · 托马斯写道：在探索“迪士尼乐园”这一想法的过程中，华特先后参观过县城集会、州立集会、马戏团、嘉年华活动和国家公园。他研究过里面的景点，分析它们吸引人的原因，以及这里的人们产生的是愉悦还是受骗的感觉。据说他有过的最令人沮丧的体验就是去康尼岛游乐园。他发现那里不仅一片狼藉、陈旧不堪，而且旋转木马的管理员似乎对游客很不友善。

后来华特又去了始建于 1843 年、位于哥本哈根的蒂沃利公园。公园整洁的程度给华特留下非常深刻的印象，到处是明亮的颜色，花销甚至在大多数家庭的预算之内。公园里到处都充斥着有趣的音乐、可口的食物以及很多他从未见过的非常友好而礼貌的员工。这就是华特一直在寻求的灵感和模型。他心想：“这才是一个游乐园该有的样子！”

他发誓，迪士尼乐园要从一开始就整洁如新。所以整洁就成为迪士尼乐园的宗旨之一。在迪士尼乐园开园后不久，有一名记者到园中游玩后预测道：“这个游乐园将永远无法保持清洁。”但华特坚称可以保持，因为“人们将为自己随地扔东西而感到羞愧”。华特坚信的一个事实就是，顾客会根据所处的环境表现自己。

整洁不只是清洁

我和布鲁斯在很多企业和行业都工作过，也从事过咨询工作。无论是酒店、银行、航空公司、杂货店、餐馆还是法律服务公司，有一条要求是统一的：整洁。最近布鲁斯进行了一项调查，发现有超过65%的女性说她们进入自己的酒店房间之后，第一件事就是检查卫生间的情况。如果不干净，她们会抱怨，甚至会直接换到别家酒店。大多数人对医院也有着同样的要求。如果卫生间不干净（无论公共卫生间还是私人卫生间），他们会立刻联想到医疗质量，甚至会对医疗设备的卫生情况表示担忧。

最近布鲁斯进行了一项调查，发现有超过 65% 的女性说她们进入自己的酒店房间之后，第一件事就是检查卫生间的情况。如果不干净，她们会抱怨，甚至会直接换到别家酒店。

所以我们将这部分命名为“整洁”，但我们的目标不止于此。在很多企业中，整洁通常被认为是理所当然。“形象”和“印象”需要人们事先慎思，再制订行动方案，而不是事后决定。“整洁”则是将清洁提升到更高一层。你会在这本书中多次看到这种说法：人们不想要一般的东西，他们想要的是卓越。

无论何时，何种职位，第一职责是捡垃圾

华特迪士尼世界能够让它方圆 28 000 英亩[①]的区域保持一尘不染，这种想法简直不可思议。回过头看，你们当地的便利店、教堂或者汽车经销商有时甚至连自己那一小块停车场的垃圾都处理不了。迪士尼之所以能达成这项壮举，是因为这是每个演职人员的职责——无论什么时候，只要看到垃圾就要捡起来。这是迪士尼能够让他们这片广袤的园区保持整洁的唯一方式。有一次，布鲁斯正在“神奇王国”里面的“美国小镇大街”上走着，距离他右侧大约 20 英尺的地方，有人往地上扔了个杯子。当他走过那里的时候，一个经理叫住了他，问道:“你刚好路过那里，为什么不把杯子捡起来？”布鲁斯回答说:“对不起，我没看见。”经理回复他:“你要看到别人看不到或不愿看到的地方，这是你的职责。”从那以后，布鲁斯总会留心注意任何可能会给顾客体验带来负面影响的事情。

事实上，几乎没有人会享受保持整洁的过程。这一点不足为奇，毕竟，谁真的喜欢通水槽、擦地板、扔垃圾、清理灰尘和打扫卫生间呢？但这些是每个人都要做的。无论你是谁，职位如何，维护公司干净整洁是每个员工的职责。正如我们从迪士尼学到的，如果你不做，那谁去做呢？而如果我们没做，我们就会自

① 1 英亩≈0.004 047 平方千米。——编者注

食恶果。

在迈克尔·艾斯纳担任迪士尼CEO的时候，有人问他这份工作的第一职责是什么，他回答：“捡垃圾。”这可是从一个年赚5 000万美元的人口中说出的话啊！维护一个干净整洁、一尘不染并给人带来视觉享受的环境是每个人的责任，无论你的职位如何。

绝佳体验与一般体验的区别因素

最近，我去了位于田纳西州汤普森车站的一家拖拉机供应商店。公司前CEO乔·斯卡利特带我去看商店后面的停车场有多干净。是的，它在商店后面。乔说：“如果你想知道你的员工对维持一个整洁的环境有多么用心，那就去看他们的‘后院’吧！”看到了吧，对整洁标准的要求远不止清洁那么简单。整洁可不只是确保消费者所见之处是干净的而已。

迪士尼乐园的监管部门在白天的首要工作就是捡垃圾，以及处理任何有损于迪士尼演出的事。但真正的“整洁重任”是在几小时后：在第三次换岗，即午夜到早上8点钟的时段，他们会拿着工业动力软管冲洗每条街道、人行道等顾客所到之处。每天晚上，所有地方都会被完全清理干净。

有太多关于体验的事情我们都无法控制。我们只能处理那些力所能及的事。整洁不只是清洁，而是在它之上。整洁是我们追求完美的尝试。无论你是在经营一家玉米饼店还是50家五星级连锁酒店，整洁都是迪士尼带给我们的“非协商原则”之一以及是否绝佳体验的区别因素之一。

体验系数提问

企业的内外部设施处于整洁状态吗？对员工外在的期望是被明确概述并被重视的吗？

应对策略

是否具备整洁这一特点通常会给顾客和员工留下对企业的积极或消极的印象。

试试这个

◆ 如果存在整洁问题，制定授权政策。员工要有主人翁意识，尽快解决这个问题，这是非常有必要的。不要叫管理人员，也不要等别人去做。你现在的工作就是这个，只管去做。缺少洁净性对一切都会造成糟糕的影响，尤其是企业的品牌。

试试这个

◆ 每天早上要做的第一件事，就是在你的办公楼外面走一圈：拿着垃圾袋，把烟蒂、铝罐、咖啡杯、报纸、餐巾纸和一切会损害你和企业形象的东西捡起来，扔进里面。如果没有办公楼，那就在你的部门、办公室或工作区域做同样的事。

试试这个

◆ 建立轮岗制，即每隔两小时都有人负责对各部门所在区域，甚至卫生间的清洁度进行检查。不要只安排某个部门或只让部门里面的某个人负责。一个合理的检查时间表可以是每天对外开放业务时间的上午 11 点、下午 1 点、下午 3 点。

印象之八：自豪

自律地去做你认为是正确而重要的事，尽管这非常艰难，但确实是获得自豪、自尊和自我满足感的捷径。

——玛格丽特·撒切尔，第 49 任英国首相

在全世界排名前 25 位的主题乐园当中，迪士尼占 9 席，而前 10 位里面，有 8 个都是迪士尼乐园。① 自 1971 年 10 月 1 日开园至今，“神奇王国”每年能吸引 1 800 万顾客。这是怎么做到的？为什么会是这样？

迪士尼乐园能够如此成功的原因，也是决定你的员工和公司成功或失败的主要原因。我们认为有一个基本要素——通常很多人都会错过——那就是自豪感：对我们是谁、来自哪里感到自豪，尤其对我们的产品、服务和目的都感到自豪。

① 该数据为作者成书时的数据。——编者注

迪士尼之所以能在主题乐园的“食物链”顶端“存活”长达60年，其中一个原因就是他们对自己所做的一切事情都有某种程度上的自豪感。那些不对自己的工作感到自豪的员工只是在应付差事，假装在乎而已。很多时候，那种“这不过是份工作”的心态会通过冷淡的工作态度表现出来，而这注定让我们回到平庸。根据肖和伊文思的说法，85%的企业领导者都认为创造单一而传统的差异化不再是一种可持续的商业策略。企业需要更多东西让自己脱颖而出，所以企业创建内部自豪感以及拥有那些作为“大使”的员工们就是一个完美的开端。

最近，我在佛罗里达州罗德岱堡市的丽思·卡尔顿酒店点了一杯根汁汽水。问题是，酒店当时找不到根汁汽水了。这对吧台后面的那位先生来说并不是问题：他只是去了当地的药店，买了一箱6瓶装的A&W树根碳酸饮料。等他回来之后，我问起关于丽思·卡尔顿酒店的这种令人难以置信的服务，以及为什么他似乎对自己的角色有如此强大的自豪感。他回答道：“我们就是要给你带来出乎意料的感觉。”多么棒的回答！多么棒的体验！

根据肖和伊文思的说法，85%的企业领导者都认为创造单一而传统的差异化不再是一种可持续的商业策略。

先找到公司的“内部大使”

当员工对自己的公司产生自豪感的时候，它会以各种形式表现出来。这就是我们在整本书中提到的“内部大使”。他们通常会更忠诚，而且愿意为企业成功做贡献。他们做出的额外的努力可以体现这一点。他们是会率先去夸耀自己公司及其服务的人。你如果没有这样的“内部大使”，就别惦记着把顾客发展成为愿意和他人分享自己体验的“外部大使”了。每家公司都在找那些愿意奉献的、拥有良好职业道德且致力于追求卓越的员工。如果员工们真的在意公司的成功，他们自然会关心客户或顾客的幸福感。

乐在其中的粪桶先生

布鲁斯最喜欢的一个关于迪士尼自豪感的故事发生在某天下午3点“美国小镇大街”上例行的一次游行活动。一位新闻记者带着全家人去迪士尼世界度假游玩，正好在城堡中心附近看游行活动。就在这长达30分钟的游行接近尾声的时候，他看到了以前从未见过的一幕：一架Calliope（一种绑在车轮上的五颜六色的汽笛风琴，重达6吨）由6匹佩尔什马拉着前行（佩尔什马看上去很像夸特马，但实际上和拉着百威车的克莱兹代尔马一样大），每匹马有 2 000 磅[1]重。

跟在Calliope后面的是一个来自监管部门的年轻人，他正推着一个“粪桶”。我们来得体地形容一下“粪桶”：它是一个绿色的桶，有 3 英尺高，直径长达 18 英寸[2]，固定在车轮上。它常被用来作为盛放佩尔什马不时留在游行路线上的“沉淀物”。

这位年轻的监管者看上去很享受他的生活——向客人招手，跟客人开玩笑，脸上满是笑容。他似乎乐在其中，就像自己是这场演出的明星一样。这位记者对这个年轻人的工作态度深感惊讶，于是对他的家人说：“在这等我一下，我很快回来。”然后他就跟在这个推着粪桶的年轻人后面，沿着游行路线一直来到“边域世界”的门口。就在这个年轻人准备离开游行队伍的时候，这位记者叫住了他，问道：“我不禁注意到，你似乎很享受现在的生活。可你只是在清理马的排泄物。你是怎么做到的？”

这个年轻人回答道：“是这样的，先生，在监管部门，我还算是新人，所以就被派去在游行活动中做和粪桶打交道的工作。我的经理告诉我，如果我做得好，那么我只需要这样工作一个月；如果我搞砸了，那我就得做六个月。所以我决定要对我所做的事充满自豪，要成为‘迪士尼世界’有史以来最棒的‘粪桶先生’！”

---

① 1 磅≈0.453 千克。——编者注

② 1 英寸≈0.025 米。——编者注

带着自豪感工作

你的工作方式就是你在尽力做到最好时深感自豪的一种反映。那些表现出糟糕的职业道德、对自己的工作毫无自豪感可言的人通常只满足于低等的努力和平庸的表现。

无论你从事什么工作，只要对其感到自豪并且尽全力去做，你就会变得与众不同。个人自豪感是一种强大的驱动力。它代表着主体的我们、客体的事态以及我们做这些事情的原因。在长年的培训过程中，我们通常会对学员说：“如果你没有对自己的工作、自己的公司产生自豪感，那就离开吧。因为你在耽搁你自己和你的未来，而且最重要的是，你也在耽搁公司的时间。”就像一位绘画大师骄傲地在自己的画作上签名一样，我们也会将自豪的程度反映在我们的工作当中。要记住：那些致力于做到极致的人通常很少会有遗憾，因为他们到哪儿都会留下成功的印记。当然，他们也不会在处理“粪桶”的工作上耽误很久。

体验系数提问

每个员工在自己提供的服务和企业内部都展现出个人自豪感了吗？

应对策略

自豪感是我们做一件事的本质原因，也是让我们做到最好、不只专注于自身的动力。

试试这个

◆ 请扪心自问："我这么做是为了谁呢？"你做事是为了顾客，但做事的原因通常更伟大：为了你的伴侣、孩子、父母或者其他你真正在乎的人。坦白说，这就是为了自己！有时候，希望要比现实有更大的意义。

试试这个

◆ 每天做一个决定："今天，我要尽自己所能，做好一切事。"这是一种鼓励和劝导的方式，我们应该对着镜子或同事把这句话说出来。如果你不能再这么做，那就和别人谈谈，或者只需等待时间去找别的事做。

试试这个

◆ 想象自己是一个世界知名的画家或雕塑家。你在自己的伟大著作上要做的最后一件事就是签上自己的名字。每次在和顾客互动的时候，你要让他们看到你的签名。将这种卓越的态度带到你要做的每项任务中，因为这是你对自己和工作感到骄傲的直观反映。问你自己："我要在这上面签名吗？"

印象之九：好感

我训练自己，让我能够将个性中讨人喜欢的部分展现出来。

——威尔·史密斯，美国演员、歌手

我们在研究中发现，在所有顾客所想、所需和期待的清单中都排名靠前的是如下两大因素：

1. 员工友好吗?
2. 他们让我感受到受欢迎和重要了吗?

如果企业能够很好地把握住这两个概念，那么它们提供的体验层级将会有显著提升。然而能够坚持把这两个基本要素中的其中一个做好的公司并不多。迪士尼做到了，但这不只是因为它有趣，而是因为这里的人努力让它变得有趣。一切的关键就在于讨人喜欢。

就像磁铁一样，讨人喜欢的员工和“体验大使”会把别人吸引过来。顾客喜欢围绕在他们身边，同事也享受和他们一起工作的时间。尽管这可能听起来简单，但获得好感的技巧可远远不止微笑以及良好的眼神交流，它们还包括称赞、肯定、鼓励对方和向对方表示友好、礼貌和尊重。

有些员工不是“群居人士”。他们不喜欢和顾客打交道，甚至讨厌那种“助人为乐”的想法。这些员工会吓跑顾客和同事。你可以在一段时间内伪装自己，但随后那个真实的你就会暴露。所以一个英明的企业领导者会把这样的员工放到那些不需要和顾客打交道的职位上。

而友好的人则会展现能干、自信和对外界感兴趣的特质。他们似乎很喜欢自己的工作，也很愿意和顾客打交道。有些员工会抱怨：“我们是专业人士！我们不需要变得友好。”这叫妄自尊大！能干和知识储备固然重要，但如果你的每个同事都很友好，而且相处都很融洽，这难道不会提高工作热情、促进团队协作、获得更多的尊重和合作、提升顾客满意度以及让工作变得更有趣吗？同事之间的友好氛围通常会慢慢感染顾客。顾客能真切地感受到一种充盈着友好的氛围。

白金法则

我们应该都了解运用“黄金法则”的重要性，但它究竟意味着什么？从定义上来看，“黄金法则”的意思就是你想被如何对待，就怎样对待别人。然而事实上，我们认为“黄金法则”是被错误地理解了。其他人并不一定想要以你希望被对待的方式获得对待，因为你的好恶也许和他们的差别极大。

对我们来说，“黄金法则”的意思是，“发现别人喜欢和想要的东西，然后以相应的方式对待他们”。我们更愿意称之为“白金法则”，因为它代表着“黄金法则”的核心理念。“白金法则”的本质是要以别人最想被对待的方式来对待他们，而不是以你想被对待的方式。这就意味着你要一直尊重、友好而珍视地对待每个人，这样你就能够挖掘出你一直在关系中寻觅的任何“贵金属”。

“我喜欢你”原则

几年前，布鲁斯在一家医院工作。有一次，总护士长想跟他聊聊。她说：“我告诉你一个刚刚发生在我们身上的故事。有一天，我把一个名叫凯茜的护士叫到我的办公室。我对她说，凯茜，今天正巧轮到你值班，我想让你为我做点事。在你走进病人房间之前，我想让你对自己说‘我喜欢你’；在你和病人共处的时候，也对自己说‘我喜欢你’；当你给病人处理完以后，再说一遍‘我喜欢你’。凯茜不解，她认为这太愚蠢了，不懂为什么要这么做。我说，‘就这么去做’！”

几小时后，凯茜跑到这位总护士长面前说道：“你陷害我！”总护士长回答道：“不，我没有。”凯茜说：“那为什么今天每个人对我都特别好？”总护士长说：“凯茜，你是个好护士，但你情绪不稳定。你会让那些琐碎的小事影响你一天的状态。你就像个悠悠球——你没得到好的轮班安排，就会感到心烦；你没遇到顺心的病人，就会一天不在状态；当你想休息一下的时候却没法休息，这就毁了你的心情。可那些病人和你的同事并不知道你的心情是怎样的。”

她继续说道：“今天你设法努力在进病房之前去‘喜欢’你的每位病人，出乎你意料的是，你所展现出的对他们的喜欢也得到了回报，他们也反过来喜欢你了。”惊讶之余，凯茜又问道：“这会一直管用吗？”总护士长回答说：“我觉得它会。”

你自己试试看。在和一个气愤的顾客或难缠的同事打交道之前，先对自己说一句“我喜欢你”，然后看看这是否会开始改善你和他人的关系。

好感是顾客关注的第一要素

“TARP 全球顾客体验机构”的调查显示，68%的顾客流失的直接原因是不良待遇。

在人生的大多数时候，付出就会有回报。金克拉曾这样说过：“如果你帮助别人得到他们想要的东西，那你就可以获得一切你想要的东西。”你所在的公司、部门或机构就会按照你的做法而变得优秀、充满关怀而且友好——不多不少，刚刚好。此外，既然你无法改变别人，那你的工作和态度就跟别人无关，而只跟自己有关。如果你对工作中事情进展的方式不满，那就改变它们。如果你的团队成员相处得不好，那就发现问题所在，做一切必要的事让大家一起合作。人生就像镜子，给什么就看到什么。“TARP全球顾客体验机构”的调查显示，68%的顾客流失的直接原因是不良待遇。友好一点，因为这能治愈不少的“病症”。

好感通常是顾客寻求的第一要素——就是这样。讨人喜欢并不高深复杂，却是你如何对待他人、你的在乎程度以及你与他人如何和谐相处的一门科学。迪士尼所体现的友好、礼貌与体贴，以及让人们感受到欢迎的模式已经延续了60多年。其底线就是：好好工作。

体验系数提问

每个员工究竟可以怎样展现友好的品质，表示感兴趣，有礼貌，关怀和帮助他人，以及讨人喜欢？

应对策略

绝佳服务的关键在于每个员工懂得如何被喜爱——包括友好、热心、礼貌与关怀。

试试这个

◆ 通过“F.A.C.E”原则来实现你“留下好印象”的目标：

F——友好（Friendliness）：热心、有气质、体贴、乐于助人以及对他人充满关怀；

A——态度（Attitude）：永远保持一种积极的态度和远见；

C——连接（Connection）：寻求建立融洽关系的方式；

E——卓越（Excellence）：永远力争在每件事情上表现卓越。

试试这个

◆ 每天常用礼貌用语，比如“请”“谢谢”“不客气”“我的荣幸”，甚至还有“我道歉”。这些字句对于培养好感度至关重要。

试试这个

◆ 与其盯着别人出错或被误导的原因，不如专注于他们的观点以及直接关注他们的需求。把那份需求“隔离”出来，并坚决拿下那个扭转印象的时刻。这些合在一起就成了体验的决胜之处。

印象之十：一致

在所有职业中，一致性是职业精神的一个直接产品。

——哈沙·波格尔，印度著名板球评论员

印象的最后一个要素就是创造一致性。业余人士和专业人士的主要区别之一就是，专业人士已经养成了高度的一致性。大多数专业人士不仅擅长做他们的工作，还能够将这种擅长一直维持下去。当你能够将卓越与一致性结合在一起的时候，你就掌握了某项专长。

让员工和顾客知道要期待什么

一致性为所有相关事物带来了稳定。了解对员工的期待就会消除一切不确定性和模糊性。如果员工不了解公司对他们的期待，或者因为领导更替而没有持久的政策，这时混乱就会接连发生，而员工也更倾向于去做自己的事，或者干脆离职。

一致性创造了一个强大而正面的声誉。当公众和员工知道要期待什么的时候，他们就会把所期待的事向外界传播。大多数人喜欢墨守成规，而不喜欢惊喜——至少他们在考虑把辛苦赚来的钱花在什么地方时是这样的。之后就出现了一个有趣的特征：自豪感会逐渐在员工的内心产生，而且他们想要告诉别人自己工作的地方。

每个人都知道要期待什么。在计算机领域，这被称为“所见即所得”（what you see is what you get，WYSIWYG）。通过了解他们通常会获得的待遇，顾客就会产生自信和舒适的感觉。我们要尤其重视忠实的顾客。美国消费者事务白宫办公室告诉我们，忠实顾客的价值要比他们最初消费的价值高出 10 倍。忠诚就是通过一致性创造出来的，而且绝不能被忽视。

美国消费者事务白宫办公室告诉我们，忠实顾客的价值要比他们最初消费的价值高出 10 倍。

服务可复制

在一家以服务为导向或面向顾客的企业中，“可交付的东西”，即实际提供的服务或产品，就是极其重要的任务。这就是价值主张有机会“表现”的地方——就是把所提供的服务或产品和体验连接在一起。这也是将你的顾客群转变为“大使”的最简单的方式，他们会乐于与他人分享自己的绝佳体验。

在迪士尼，这个“可交付的东西”指的就是演出。它涉及各个方面的事项：从人们最初的预期到酒店、停车场、入口、服务、食品、画面、动画人物、景点以及所有的乐趣。这里每天都是一个实现完美的“幸福终点站”。

为了让消费者之间互相推荐的程度达到最高，这个“可交付的东西”必须具备一致性和可重复性。如果只能创造一次神奇或者只能为三四个顾客创造神奇，这对你或你的公司没任何好处。你必须能够不断复制这种神奇，或“可交付的东西”，又或是“体验”，留下持久的印象，以至让这种体验融入你的顾客和未来“大使”们的意识当中。

体验系数提问

你所用的有关“印象”的模式和技能一直贯穿于体验之中吗？它们是可以扩展和重复的吗？

应对策略

所有通过努力取得的进步都是一贯追求卓越的结果，为此付出的代价会在竞争中获得偿还。

试试这个

◆ 要承诺你在可交付服务的每个阶段都会保持一致，然后确定你可以重复且一致地做的事。在你实现卓越之前，你必须建立一致性并以此为基础。

试试这个

◆ 创造一个卓越模式并制作一本关于卓越的、可以随时复制和展示的实用手册。训练上面提到的那些技能，检验执行那些策略后的结果，这样就可以进一步完善和重复执行这些策略，使其成为企业文化的一部分。

试试这个

◆ 为企业准备一个承诺宣言。对于一致性体验来说，整个体验就是每部分体验的总和。绝佳体验之所以能够实现或复制，离不开每个人对可交付服务中一致性的承诺。由此打造的可靠性是无法估价的。

第五章　第二大原则：联系

要尤其留意那些跟你关系更亲密的人，无论更亲密的原因是出于时间、地点还是情况上的偶然。

——圣·奥古斯丁，古罗马天主教思想家

很少有公司通过自身就可以将和顾客产生联系的艺术运用自如，但迪士尼绝对是其中一个。还有一个是美国西南航空公司，它们的运营模式是依靠高超的推理能力，即他们能切实创造一个舒适的环境，甚至能让顾客开怀大笑，而且是在难以取悦大众的市场消费场景之一——商务航空旅行中实现。最近，在我乘坐的一个航班上，有个乘务员把威利·纳尔逊的著名歌曲《再次上路》（*On the Road Again*）里的歌词改换成“再次飞翔”（*In the Air Again*）。改编之后，这首歌变得既有趣又创意十足，甚至有段时间我都忘记自己是在飞机上。

联系就是所有长期、有意义的产品或服务关系的核心。一种关系拐点的开启或者一种新关系建立过程的催化剂就是两个人之间的联系，这对体验的创造至关重要。

每位顾客都希望感受到自己的重要性，以及希望遇到友善的工作人员，自己能从中感受到受欢迎。如果你的公司没有把这个列为重中之重，那就意味着忽略了服务行业的一个基本要素和原则。

联系是接触和关系之间的轴心点。将客户与顾客从消费者发展成“大使”，靠的是你在理智、情感以及个体方面创造联系的能力。“大使”认为你的员工、产品和服务非常有价值，所以才愿意成为你公司的一个“行走的广告”。对你的公司来说，“大使”就像一座“金矿”——他们不会给公司带来任何成本，反而给公司带来巨额收益。如果没有他们，损失是十分巨大的。

重中之重的价值

联系会建立与顾客的融洽关系或其他某种关系——无论多么简单。它要比单纯的沟通意义更为深远，代表的是我们通过为长期关系奠定基础而建立信任、自信和忠诚的方式。沟通与建立关系的秘诀可以在体验的增值部分找到，简而言之，也就是价值。

这就和人们刚刚建立联系或开始一段关系一样。除非这段关系一开始就是“一见钟情”，否则大多数关系的支点都源自一种交易性关系——双方都会从对方那里获取价值。如果在工作上缺乏更深或更紧密的意义，甚至是“一见钟情”这样的联系也不会一直持续下去。

价值的意义也不止单纯的实用。当然，在你渴的时候有人递给你一杯水，这是有实用价值的，但这种体验不仅仅是面带微笑递过来的一杯水那么简单。所以每个人都要时刻铭记这一点。

根据Defaqto研究机构的调查，有55%的顾客会为了享受更好的服务而支付更多钱。所以这种联系必须从一些非凡事物上开始——不止普通，也不止实用。关系与收益是对等的。

根据Defaqto研究机构的调查，有55%的顾客会为了享受更好的服务而支付更多钱。

价值的角色和法则

价值应该一直具有真实性（有帮助的）、相关性（有效的）和及时性（有用的）的特点，并且在每次和客户的互动中也应该充满表现力。价值一定是和绝佳的关联性接触一起出现的。这就是让诸如迪士尼和西南航空等公司与众不同的真正原因。表现力并不意味着虚假行为。兴奋、享受和与顾客建立的联系不只表现为真实性，它们的呈现水准与一般的客户/员工体验是不同的。先认真思考这一观点，然后再继续阅读关于“迪士尼公司揭示的十大非协商原则”的部分。马上，你将开始了解迪士尼的员工们将工作称为一场“秀”的原因了。

联系：迪士尼公司揭示的十大非协商原则

联系之一：沟通

这是联系的基础。你要明白你做的一切事情都需要沟通。

联系之二：审慎

承诺绝不落下任何一位顾客！每个人都必须得到完整的体验。

联系之三：私人定制

尽管体验必须要有一致性和重复性（从科学意义上来说），但员工也必须掌握一门艺术，即让顾客感觉每次互动都像是为他们私人定制的一样。

联系之四：肯定

这意味着要让客户或顾客意识到他们有多重要。

联系之五：知识储备

这意味着有能力真正了解产品、流程或提供服务等各个方面，以及有关顾客的一切潜在信息。

联系之六：互动

掌握互动的要点：面对面沟通、电话交流以及利用技术媒介（电子邮件和社交媒体等）的互动。

联系之七：尊重

这是常见的礼貌行为，也是一门将他人放在首位的艺术。

联系之八：信任

想办法跟那些和你不怎么联系的人建立信任。

联系之九：关系

建立关系和培养终身顾客的拐点。

联系之十：回顾

完成工作后，从头到尾回顾这一体验。

联系之一：沟通

沟通作为人与人之间的联系方式，是人生和事业成功的关键。

——保罗·J. 麦尔，美国领导力专家

一切服务和所有关系的基础就是沟通。你所做的一切事情都在某种程度上践行着沟通。这是不可避免的。你说或做的一切事情基本上都在向消费者和他人传递大量信息，而且不只是你说的内容，你的音调、眼神、面部表情和肢体语言，还有你对个人和企业介绍的详细阐述，所有这些都代表着你和你的公司。

在代表作《无声的讯息》（*Silent Messages*）中，艾伯特·梅

> 在代表作《无声的讯息》(*Silent Messages*)中，艾伯特·梅拉比安博士将沟通划分成三大部分：7%的文字、38%的音调以及55%的肢体语言。

拉比安博士将沟通划分成三大部分：7%的文字、38%的音调以及55%的肢体语言。尽管文字很重要，但是仅依靠内容获取真实信息是很困难的。而阻碍沟通的第一个因素就是听者的感知力。沟通时的文字通常具有多重含义，另外，缺少音调和肢体语言这两个组成要素，内容也很容易被误解。

音调体现的是演讲时的所有组成要素：声调变化、语速、音高、个性、清晰度、音量和活力。它们就是构成人声的一些基本要素。我们都听过这个说法："说的内容不重要，方式才重要。"文字本身常常是中立的，再配以声调抑扬顿挫的变化，就能清楚地表达前者的意思。

沟通的第三个要素，也是决定性的要素，就是肢体语言。它包括人的姿态：如何站立、眼神、姿势、面部表情和说话。正如另一句话所言："你的行为太过明显，以至我几乎听不到你说的话。"如果你对意思或一致性有疑问，那么就可以通过肢体语言理解对方的意思。

现在我们还无法通过电话探知肢体语言，但在未来几年内我们就可以实现这一目标。一次通话由14%的内容和86%的音调构成。这清楚地表明，在通电话的时候，你的声调甚至要比当面对话重要得多。

顾客的感知力才是一切

沟通的关键在于一致性。你的文字、讲话的声调以及肢体语言是一致的吗？如果不是，那你已经失掉了可信度。比如，有人可以用最热烈积极的语调讲出极具说服力的话，但假如他或她拒绝跟你进行眼神交流或者看法无趣到极致，那你也不会相信这个人所说的任何话。

要记住：顾客的感知力才是一切。这就是你要面对的现实。所以当你和顾客打交道的时候，不要从自己的观点出发，甚至不要从现实的情况出发，而是要以顾客所相信的事实为出发点。顾客的观点可能与你的观点截然不同，但你要总是站在他们的立场上考虑问题。

身为迪士尼的一员，布鲁斯所创造的“顾客感知力”（guest perception）一词如今仍被咨询界使用。它的使用原理如下：你邀请一个朋友或来自别家公司的人作为新“顾客”来评估你的公司——因为他们从没去过你的公司。你对此的解释是，你想知道一个对自家企业完全陌生的人的感知力是怎样的。你试图询问他们是否愿意过来以自己的视角观察你的员工、你的办公楼、你的产品、员工的态度、你们的职业程度以及所提供的服务进程。这一信息可以说是无价的，尤其对公司目前和今后的发展会大有裨益。这就像一群人专注于做一件事情一样。

怎样才算“良好”沟通

如果每个人意见统一并朝着相同的目标前进，那么良好的沟通就会实现。这很显然，而且其中的行为和期望也很容易被理解。良好的沟通总是人们有意为之，而良好的沟通者也从不会出现慌张或愤怒的情况。虽然人们要谨慎行事，但良好的沟通依然要非常流畅。良好的沟通者无论看起来还是听起来都会很专业，而且做事高度一致，这会让顾客觉得他们在各个方面都真正获得了重视。良好的沟通来自实践，因为实践会凸显专业性，因而客户也会在体验过程中感到被重视。

体验系数提问

跟顾客互动的时候，你有没有把重点放在沟通的质量、形式和频率上并相应地付诸实践？

应对策略

你没法不沟通。你所做的一切事情都在向你的顾客和同事展示你在多大程度上真正在意或不在意你提供的服务。

试试这个

- 创造一致感，确保你的文字、举动、态度和声调都是一致的。否则你的信息既让人感到困扰，又毫无意义。试着录下自己说的话，然后想办法每月进行一次练习或将其当作一种培训方法。

试试这个

◆ 反复练习你会对顾客说的话，确保你以顾客的立场跟他们产生联系。你所用的词语要简单清楚、通俗易懂。你要先做好准备，然后再通过反复练习完善讲话内容。

试试这个

◆ 每次打电话的时候，你都要通过声音传达出你正在微笑这一信息。这会把你的个性通过声音传递出去，从而让你听上去对电话另一头的人更感兴趣，相应地他们对你也会产生兴趣。允许你的同事（尤其是那些在公司或呼叫中心跟你相邻而坐的人）在你的沟通质量降低时对你做出评价。因为没有人比他们更能听到你说的话了！

联系之二：审慎

只要我们有勇气追逐梦想，它们就会实现！

——华特·迪士尼

迪士尼不仅是全世界最大的主题乐园集团，它还是最佳之一。这并非偶然。迪士尼是美国最大的雇主——公司当时拥有将近 7 万名员工。所以，如果不能在其服务中展现出具体性和有意性，那你就无法创造那种一致性。迪士尼在内部建立的各项机制就是为了在 1 500 个不同的职位类别上展现其一贯的卓越程度。

迪士尼能搞定这一切，就是因为他们掌握了“联系”的艺术，并把它运用于企业运营的各个方面。结果就是：迪士尼能为全世界的“年轻人”树立一个可爱而讨喜的形象和声誉。

有意性和审慎性是建立关系的基石。再次强调，这本关于体验的书中的大部分内容首先要解决的就是你致力于为他人创造的“体验”。

迪士尼的术语

华特·迪士尼是一个十足的电影爱好者，这也成了他的遗产和激情所在。所以我们不难理解，在华特设想建造迪士尼乐园的时候，他会借鉴很多自己已经非常熟悉的概念、原则和术语。如今，他创立的模型大获成功：所有的迪士尼乐园和很多其他主题乐园公司仍然使用着这些概念和术语。

按照这本书的初衷，我们希望通过阐述迪士尼公司的经营理念，告诉你如何将意图用于指导整个体验过程。如今，迪士尼已经完美创造出自己的词汇和术语，用于自身的整套运营体系。在下面列举出的一些迪士尼公司的内部术语中，你会发现在前面的章节里提到过的一些术语。

迪士尼公司内部术语

客人：指每个来到迪士尼乐园的顾客和访客。

演职人员：指任何一个在迪士尼乐园工作的员工。

试镜：指参加乐园里的工作面试。

角色：指该员工被招募而从事的职位。

传统：指迪士尼的培训。

台上：指在客人面前的情况。

台下：指没有在客人面前的情况。

戏服：指为各个职位的员工专门设计的服饰。

演出：指任何在台上（面对客人时）的表演。

演得好/演得差：指这个表演完成得好或差的程度。

台上与台下

来自剧院和电影产业的最重要的理念之一就是区别在台上还是在台下。简单来说，“在台上”意味着只要表演者能被客人们看见或听见，他们就得注意自己的行为方式。只要你身边有顾客，你就必须要尽力表现——有礼貌、乐于助人、友好而外向。只要演职人员在台上，他或她就必须处于“激活状态”，完全释放自己。因为这场演出必须继续，无论他们的感受如何。

“在台下”指的是你远离客人的时候，比如休息时间、在储藏室或者任何其他没有客人出现的地方。这时候，员工就能放松下来，放下戒备，并且不必再保持“激活状态”。台下同时也是用来做计划、进行培训和指导的地方。无论是表演音乐剧还是在园内一家餐厅提供演出服务，迪士尼的演出一定要准备得非常充分才会搬到台上展现。

演得好与演得差

“演得好”和“演得差”这两个术语是“台上”与“台下”这两个概念的延伸。一场好的演出符合卓越服务的标准，或者符合迪士尼的表演标准。如果行为、举动或态度就是服务中很自然的一部分，并且契合主题，那么迪士尼就会称之为“演得好”，或者说这些行为是适合在台上展示的。

它的对立面也是真实的。也就是说，任何违反表演或扭曲主题意思的态度或消极行为都会被认为是“演得差”，或者说是应该在台下展示的行为。例如，身着“太空山”工作服的演职人员绝不会穿过“冒险世界”、“森林河流之旅”或“加勒比海盗”的演出现场，因为这会违反场景设置的规定，也破坏了场景营造的幻觉。任何没有增设或补充到演出中的东西都是不能出现的。

可这要如何应用于迪士尼以外的企业中呢？你不会想跟某个客户在律师事务所进行严肃而私密的“讨论”；或者作为金融咨

询顾问在跟客户探讨重要的投资决策时，突然会议室的门被同事推开，因为他没有查看会议室的开会记录；又或者，想象一下你在医院的候诊室听到两个护士在讨论他们的孩子偷听病人说话，这就相当于说给病人们听的，意思是他们并不重要，即便他们之间没有直接沟通。这就叫作“演得差”。

我们是不允许发生这种常见的“演得差”的情况的——这就是保持审慎的核心理念。你唯一可以充分掌控的就是顾客体验。根据鲁比·纽厄尔·莱格纳的说法，每出现一次消极的服务体验，就要用12次积极的服务体验来弥补。控制你可以控制的，这样就能限制或消除“演得差”的情况出现。

为了避免迪士尼演职人员误入其他区域而破坏迪士尼的演出，迪士尼世界最初还在内部建造了一个规模巨大的隧道网络，称为“地下管道走廊”。它的形状有点像六边形，每个位置上都有很多实体店。这就使得演职人员在进入各自区域时不会破坏演出。这个做法在艾波卡特主题乐园得到了应用，他们在“世界之窗”和“未来世界”外围建造了一条外部通道，从而让演职人员直接进入各自的区域。很显然，迪士尼在竭尽全力保证台上的演出，实现服务好每位客人的目标。这就表示他们是有意的、审慎的，而且其服务近乎完美。

体验系数提问

员工们是否致力于审慎而尽力地呈现一场好的演出并且和顾客建立关系呢?

应对策略

有意和审慎是建立和保护联系的基石。

试试这个

◆ 先试着对你的顾客使用“客人”等用语，同时也要想一想对“问题客户”和“问题顾客”使用哪些亲切用语。这会改变你看待他们的方式，尤其是你对待他们的方式。

试试这个

◆ 在休息室或办公室的门上放置一个标识，注明这些地方是“台下”。这会提醒每个演职人员：在他们离开企业所提供的这些“安全区域”后，他们就相当于回到了“台上”！

试试这个

◆ 把每次顾客体验拆分成几个独立的组成部分。观察人们是否卓越而一致地完成了每个部分（每个角色）。我们可以把表演设想成一场“策略音乐会”，大家集思广益，为整个体验服务。

联系之三：私人定制

我很怀念拉斯韦加斯的私人定制服务。只要提自己的名字，大家就能明了。

——韦恩·牛顿，美国歌手

尽管体验必须要具备一致性和重复性，但绝佳体验还须具备一个极为稀有的要素，即每次与顾客进行的互动服务必须给人一种为他们专属定制的感觉。“联系”这一原则的终极目标就是要为顾客定制私人产品或服务以充分满足他们的专属需求，从而与顾客建立某种和谐融洽的关系。那些已经完美掌握如何发现客户所需所想这门“科学”的公司会发展得更好，甚至能圆满地完成其他很多公司称之为“不可能完成”的事。我们以谷歌为例。谷歌是一家基于人们对互联网的期望和需求提供相应服务的公司。它的用户体验甚至收购模式都是围绕从个人角度出发满足用户需求而建立的。谷歌在收购完公司之后通常会更新用户服务的综合信息，直到很久以后用户才意识到他们需要这项服务。在设想和了解潜在客户群以及现存客户群的意愿方面所做的努力，就是公司在竞争中获得领先地位的决定性因素。我们的目标就是设法为你的言行提供私人定制，从而让所有的服务得到进一步完善。

人口统计学与消费心理学

人口统计学指的是数据统计，即人的身高、体重、年龄、职业、种族、性别或者某人在某刻的一张快照。人口统计学能够为当下提供信息，而且只与当下有关，对未来却“无可奉告”。

一个更能帮助我们的工具就是弄清人们的消费心理，实际上，这由个人的生活态度而定，包括需求、欲望、兴趣、目标以及好恶。相对于探讨当下的人口统计学，消费心理学则会告诉我们你想去的地方，以及我们为了提供绝佳体验需要做的事。

迪士尼市场营销部的员工每天都在做这件事。他们的职责就是查出访客喜欢或不喜欢待在迪士尼乐园的时段，并了解他们希望以后会选择的游乐设施、景点、演出以及他们期待的迪士尼公园未来的样子。观察我们现在做事的方式是很重要的，但更重要的是要弄清楚顾客渴望在未来看到的我们的样子。而我们则要依靠消费心理方面的信息弄清这些。

1982 年，艾波卡特主题乐园正式对外开放。当时，我们设想的大多关于未来世界的样子就是到处充斥着拉丝不锈钢和有机玻璃。就在布鲁斯于 1983 年接下改善迪士尼服务的工作不久以后，他就给领导层发了一份备忘录，其中谈到关于在“田园馆”建造一个专门供人骑乘的游乐设施。他在备忘录中提道，“我们要把艾波卡特主题乐园定位成能够让人们看到光明未来的乐园，因此我们必须提供个人专属服务，并且让我们的员工成为表演明星”。

他指的是“田园馆”中的一个10分钟的骑乘设施——“田园乘船游”。这是一种需要大量人力的骑乘设施，能够带着客人接连感受春夏秋冬的四季变化，观察水果和蔬菜在进行土壤和非土壤培育时的生长情况。在这一设施的人力花销上，迪士尼每年都要投入大约80万美元。管理层发现，如果这个设施完全自动化而无须人力操控，事实上会更加节省成本。

然而，布鲁斯的备忘录对领导层起到很大影响，尤其是他提到的这个部分：“我们正在丢失迪士尼引以为荣的个人专属服务。”因此，他们保留了“设施操作员”这个岗位。同时，管理层也承诺要对每个设施操作员进行重点培训，把他们的个性和日常生活融入他们的表演当中，从而完成私人定制的服务。所以他们的任何表演都能带给人可信和私人定制的感觉：你必须让自己投入每一件事，并尽力提供个人专属服务。

名字是最好的称呼

你的名字是你所拥有的最重要的东西，所以迪士尼的每个演职人员都被要求一直戴着自己的名牌。每个名牌都用大写字母刻着这个演职人员的名字，而且他们每个人都被要求直接叫别人的名字。迪士尼发现，对称呼的使用——先生、夫人、女士、小姐、博士——通常会在你和对方之间建立一种无形的隔阂或障碍。虽然刚开始直接称迪士尼前CEO迈克尔·艾斯纳为“迈克尔”时会显得有些尴尬，但这样做的效果确实不错。直接叫名字不会损伤一个人的专业性，反而有助于你更快地和他人建立联系。

在拖拉机供给公司的实体店，员工们被鼓励每周熟记一个顾客的名字。想象一下：当你走进一家实体店或百货商店的时候，其中的一名员工用世界上最美妙的称呼跟你打招呼——就是你自己的名字！这些就是一般体验和绝佳体验之间存在的很细微却会造成巨大差别的地方。

当病人在梅奥诊所挂号的时候，他们都会被例行问到下面这些问题，比如保险情况、病史、地址和人口统计方面的信息。此外，后面他们还会被问一些“非侵略性”的问题，比如最喜欢的颜色、周年纪念日、孩子的名字和生日、最喜欢的假期、宠物、出生地等。

病房门口放着一份表格，其中第二页写着所有的问题和答案。每个员工——无论护士、实验室技术人员、营养专家还是管家——都被要求仔细观察表格并提一个与回复相关的问题。因此那家医院的病人满意度高得史无前例。人们希望你跟他们谈论一些他们感兴趣的东西。那就是你建立联系的方式，而且这在体验和表演中都是非常重要的一个方面。

联系会带来忠诚，而忠诚是成为“大使”的基础。向一个顾客展示你在意他们的最佳方式之一就是为他或她的体验做私人定制。根据埃米特·墨菲和马克·墨菲在其合著的书《走进混乱边缘》（*Leading on the Edge of Chaos*）中所言，顾客留存率提升2%，企业就相当于降低10%的成本。所以相比目前人们在市场上获得的待遇，他们值得更好的。和你的顾客联系起来并让你的顾客成为表演的一部分，这就能让你的企业受益。因此，要致力于给顾客提供私人定制的体验。

根据埃米特·墨菲和马克·墨菲在其合著的书《走进混乱边缘》中所言，顾客留存率提升2%，企业就相当于降低10%的成本。

体验系数提问

企业员工会为了给顾客的互动服务和体验提供私人定制而设法知悉他们的名字以及其他相关的具体信息吗？

应对策略

尽管体验必须具备一致性和重复性的特点，我们也必须掌握一门艺术，即每次与顾客互动都让其感觉像为他们私人定制的一样。

试试这个

◆ 平时多寻求反馈意见，通过语言沟通和调查提问等方式，确保你会满足甚至“超额”完成顾客的期望。让你的忠实顾客给你提供一些具体的建议，即他们期待发生的事，从而提高他们的体验层级。

将这些建议收集起来，然后把它们变成现实。

试试这个

◆ 养成每周了解和使用一位顾客名字的习惯。名字是我们所拥有的最私人的东西，所以被人直呼名字的时候人们会感到欣慰。同时，要直接使用你自己的名字——比起在名字前面使用称谓，这更容易帮你和顾客建立联系。

试试这个

◆ 确定三种你可以做到的特定行为，它们能让你的顾客感觉享受到了VIP待遇。不妨考虑随机挑选一些顾客享受你的最高级别的服务体验。这并不是一种升级，而是体现每位顾客都非常重要的一种方式。

联系之四：肯定

认可他人，是我们能提供的最积极的肯定。

——卢云神父，神学家、作家

与他人建立关系最行之有效的方式之一就是不断地肯定他们，着重强调他们的优秀品质和积极向上的一面。对陌生人表达肯定，这听起来可能有些怪异，但其中隐含着一个秘密：他们根本不是陌生人，而是享受你提供的体验的客人。所以如果你能让他们产生“回家”的感觉，那你就是在逐步培养他们成为你的“大使”。

当布鲁斯还在迪士尼做表演者的时候，他的团队被派往日本进行迪士尼的宣传推广，吸引日本人来美国游玩。事实上，当时那场演出的名字就叫作“美国之旅”。在37天的时间里，他们拜访了14个城市，大概每隔一天就会到一个新的城市进行演出。在那段时间里，布鲁斯有幸与很多日本人共事，从而有机会体验他们的传统习俗、生活方式、文化、饮食和价值观。

其中，布鲁斯从日本人那里学到的一个词语叫作“留面子”。如他所知，这是他们的习俗，即不能侮辱或冒犯任何人，即便他们是错的。日本人的哲学是：“我会说我需要说的，做我需要做的，而这一切都会让你在别人眼中很有面子。”

真是一种伟大的哲学啊！可我们要如何肯定他人，让他们觉得很有面子，甚至让他们在同伴、同事、朋友和家人面前看起来很有面子呢？你能想象，如果将这一策略内外兼用的话，你会在整个体验中创造怎样的不同吗？那我们建立“联系”的方式就更加丰富了。

不要忽视顾客

提一个有趣的问题：你能给另一个人的最恶劣的侮辱是什

么？答案就是：忽视他们。如果我给你起外号或者侮辱你的智商，这说明我仍把你当作一个人来对待；如果我完全忽视你，那就意味着我把你当成一件物品或者不存在的事物来对待。我们每天都在做这件事。对于这种忽视，我们可以用一些非常简单的方式进行抵制。首先我们可以表达兴趣，这就证明你在意他们。

我们在一项自主进行的研究中还发现了另一个有趣的问题：爱的对立面是什么？如果你的答案是恨，那你就和 80%的调查对象的答案一样。但这并非正确答案。事实上，有很多你在爱中找到的属性、特质和强烈程度也可以在恨中找到。因此在某种程度上，爱与恨是两种平行的情感，只不过它们在互动过程中表现得不尽相同。爱的对立面实际上是冷漠——在这项研究中，只有5%的人说对了，但有 89%的人在我们向他们公布答案是“冷漠”的时候也表示了认同。

我们在一项自主进行的研究中还发现了另一个有趣的问题：爱的对立面是什么？如果你的答案是恨，那你就和 80%的调查对象的答案一样。但这并非正确答案。事实上，有很多你在爱中找到的属性、特质和强烈程度也可以在恨中找到。因此在某种程度上，爱与恨是两种平行的情感，只不过它们在互动过程中表现得不尽相同。爱的对立面实际上是冷漠——在这项研究中，只有 5%的人说对了，但有 89%的人在我们向他们公布答案是“冷漠”的时候也表示了认同。

如果我对你很冷漠，那就意味着你对我毫无意义。冷漠还有很多同义词：冷淡、矛盾以及自满，它们同样攻击性十足。所以没有什么侮辱比完全忽视对方更严重的了。

“重视我”原则

每个你认识的人的脖子上都戴着一个标识。有些人的标识非常小，有些人则是中等尺寸，还有一些人的标识非常大。每个标识都是不可见的，但上面都写着几个字：重视我。人们每天都会以各种举动、行为和语言表达这些标识的意思，即告诉你要“重视我”（Make Me Feel Important，M.M.F.I.）。他们会说：“要怎么做才会显得我特殊，还会受到重视和被需要呢？”

每个人之所以想要显得重要，那是因为每个人确实都很重要。企业中的每个员工和领导者必须使用这个“重视我”原则，而且要让别人知道，对他们来说享有一种绝佳体验的重要性以及他们对于你的企业取得成功的重要性。

体验系数提问

你多久称赞一次你的顾客或客户，而且让他们觉得自己重要？

应对策略

你必须要让顾客或客户知道他们有多重要。

试试这个

- 向你的顾客或客户询问意见、想法和建议。不妨一有机会就想办法称赞他们，真诚地称赞他们的着装、品味、举止和兴趣。练习这一点，不仅有助于你的工作，也会对你的生活有帮助。

试试这个

◆ 认真听取顾客或客户的话，而且要全神贯注。这会让他们感觉你在意他们并会满足他们的需求。如果有顾客提出了对信息或产品的要求，那你就要跟进，确保自己已经满足了他们的要求。这就体现了他们的重要性。

试试这个

◆ 针对你的顾客设计一系列积极而肯定的言辞。另外，试着对你同意客户的选择和决定的部分做出进一步的支持，同时也要讲求策略地对你不同意的部分给予建议，如此一来，即便你不同意他们的选择，也表现出了你的在意。如此一来，你就成了专家！

联系之五：知识储备

知识就是力量。信息意味着自由。教育是取得进步的前提，无论处在哪种社会、哪个家庭。

——科菲·安南，联合国第7任秘书长

你对顾客了解得越多，就越能有效满足他们的需求。知识对于你了解顾客来说是非常必要的。如果你没花时间去了解顾客的好恶，那么你就没法给他们提供有用的帮助。服务不只是跟售卖有关，它的目的是满足人们的需求。如果你不在意顾客的需求，那么你也不算真正在意他们。

顾客购买商品和服务的原因有很多：为了满足某种需要、获得良好的感觉、满足日常需求，或者因为便利、价格、价值、知名度、冲动、恐惧、保护、替代等。尽管原因多种多样，但我们仍能将大多数购买行为分为两大部分：出于情感和出于理智。出于情感的购买行为通常指的是对“我想要”的回应，或者是冲动的感觉。所以杂货店和百货商店把诸如口香糖、糖果、甜甜圈和杂志等赢利商品摆在靠近收银台的地方，就是为了吸引顾客的注意，鼓励他们在付款的“最后时刻”再买点东西。

出于情感的购买行为通常以买家表现出的懊悔而告终。有太多这样的情况：一个“技艺精湛”的销售人员游说某位顾客购买了产品和服务，只是因为这个销售人员让这名顾客感觉很棒。然后这名顾客在几天甚至几小时后就会对这次购买行为感到后悔。

出于理智的购买行为通常是指因为“我需要”或者有正当理由。一般来说，如果顾客为了充分了解购买行为而建立了知识框架，那这些行为就会顺理成章地发生。我们的职责就是向顾客提供客观的方法和指导，帮助他们做出出于理智而非情感的决定。

读懂客户

读懂人心是很有挑战性的。正如我们之前讨论的那样，人们通常会告诉你他们的感受以及你可以如何帮助他们，甚至不用说一句话。所以在你建立联系的过程中，第一步就是要读懂客户，然后决定如何运用相关知识。你对任一特定主体了解得越多，你就会在精神上为改善体验准备得越充足。

没有人能仅靠假设知道其他人想要什么，除非他对另一个人的需求和渴望非常了解。而我们也不能只靠阅读表情、预估音调或观察肢体语言等方式发现这种信息。我们得出这种专业论断是通过研究人们的社交风格。福里斯特调查公司最近的一项研究显示，有68%的公司采用了“客户之声”这一应用程序以获取反馈。不要因为竞争而被甩在身后。如果你想成为某一领域的专家，那就在那些付你薪水的人——你的客户这方面成为专家。

福里斯特调查公司最近的一项研究显示，有68%的公司采用了“客户之声”这一应用程序以获取反馈。

了解产品

产品的形式多种多样：它们可以是虚拟的、可触及的，甚至是完全可交付的。现在你已经清楚地意识到迪士尼的产品就是“幸福体验”。无论你负责哪种产品，你都得对它有全面的了解。

你见过对自己售卖的东西知之甚少的销售人员吗？他们表现得有多专业？我们必须要在自家产品及其价值主张上成为专家，而且对此我们也没有捷径可循。

体验系数提问

员工会被培训成关于顾客以及企业可提供的服务、产品和体验等方面的专家吗？

应对策略

如果知识就是力量，那么对学习的渴望就是获得一切成长和成就的先决条件。

试试这个

◆ 对于提供的每件产品或每次服务，你要比公司中的任何人都更加熟悉，并以此为荣。针对每件产品想出三个描述性特点，或者针对企业的价值主张想出三个不同的方面。然后，想办法了解如何最大化地利用那些你容易和消费者分享的特点及好处等论据（这些观点对顾客或客户的意义）支持这些观点。

试试这个

◆ 创建个性化笔记或运用技术和客户关系管理系统来满足你的老顾客和他们一直在寻找的专属需求。

试试这个

◆ 每周记住一位顾客的伴侣、孩子、孙辈、宠物等的名字。通过联系和见面，有无数种联系方式能够帮助你记住这些名字。这样一来，你就离塑造企业“大使”的目标更近了一步。熟悉名字是非常必要的，这是与他们在意的人有关的信息，可以帮助你将顾客的体验层级从“极好”提升到“绝佳”。

联系之六：互动

人们的每次交流都如此稀有而珍贵，所以我们应该珍视它们。

——阿奈·丝·宁，作家

看看每次在涉及产品或服务时你与顾客进行的各种互动，顾客会遇到多少个不同的联系点？掌握“联系”的秘诀之一就是要掌握互动的点，包括面对面交流、电话沟通、邮件往来以及在社交媒体上的互动。

前斯堪的纳维亚航空公司CEO简·卡尔森在《关键时刻》（*Moments of Truth*）一书中称这些互动为“关键时刻”。他将“关键时刻”定义为：“任何人在任何时候都可以跟斯堪的纳维亚航空公司的任何员工取得联系并提出建议。”卡尔森发现，乘客一般会跟公司员工总共进行 5 次互动，而每年有 1 000 万名旅客会选择乘坐斯堪的纳维亚航空公司的航班。

他接着解释道，“我们并不需要把注意力放在这 5 000 万个‘关键时刻’上面，而是只要改善那 5 次互动的质量就好”。卡尔森说得很对。在整个航空产业尚且处于负债的形势下，斯堪的纳维亚航空公司在一年之间从亏损 800 万美元转变为盈利 9 200 万美元。

在各行各业中，如果仅仅改进和微调 4~5 项原则就能在很大程度上改变你的公司状况以及全世界对你的公司的认知，你的目标就是要确定那至关重要的 4~5 项原则。而我们在这本书中展示的就是 5 项原则，即“I.C.A.R.E.”五大原则。

> 美国消费者事务白宫办公室的调查显示，获得一个新顾客所花的成本要比留下一个老顾客高出 7 倍。

顾客跟你的员工进行联系或互动的次数很少。如果你能有效管理并确保那些互动是成功的，那么你就会改变企业现有的模式以及顾客对企业的认知。美国消费者事务白宫办公室的调查显示，获得一个新顾客所花的成本要比留下一个老顾客高出 7 倍。我们一定要确保公司上下都要了解为什么这是体验中极为重要的一个方面。

迪士尼的员工知道，每个联系点都意味着这是一次展现迪士尼的奇妙或亲民的极好机会。他们对自己在试图为每位客人提供绝佳体验上的表现深感自豪。例如，跟客人有最直接互动的迪士尼演职人员也肩负着迪士尼内部维护的职责——他们要清扫人行道、捡垃圾以及清理溢出物等。正是因为他们，迪士尼才保持得如此干净整洁，而客人们也几乎不会发现垃圾的存在。尽管他们的首要职责是所到之处看见垃圾就要拾起，但他们的另一个同等重要的职责就是回答客人的问题、指明方向以及帮助客人享受一种积极的游乐体验。

成为“联系点专家”

无论你的具体职责是什么，每个人都要成为“联系点专家”，包括在面对面交流、电话沟通以及基于技术媒介的互动等方面。没有人能在第一天就成为专家，但大多数员工都应该在3~6个月内对此基本掌握。

如果你打电话向华特迪士尼世界询问事宜，你收到的最后的回复都是“愿你度过奇妙的一天”。对很多企业而言，如何接电话通常是与顾客的第一联系点。如果你（和你的公司）在接电话时的声音没有传达出个性、专业度和热情的话，那么你会错失一个与你的未来顾客取得联系的极好机会。

下一个联系点通常是面对面的时候。面对面的交流会为顾客就如何看待你和你的公司设定基调，以及如之前所说，你的顾客会在极短的时间内对你进行评估。如果你没能尽力而为，那么你就会失掉一个非常重要的联系点。

如今正变得日益重要的是，你要在各大社交媒体上“抛头露面”，包括博客、脸谱网、Pinterest照片分享网站、Vine视频分享网站、推特和领英。10年前，基本上没有人会通过社交网络获取关于自家公司的一手资料，但现在这已经成为在高科技世界中做生意的先决条件。

再次强调，我们很少有机会能跟客人或顾客发生那种“关键时刻”或奇妙的互动，所以我们一定要让这些互动发挥作用。现在顾客们都有机会对我们的品牌产生积极或消极的影响，所以我们必须要有效地经营好那些为数不多的联系点，并确保每一点都是双方共同追求的绝佳体验中的一部分。

体验系数提问

有没有承诺和明确落实包含面对面交流、电话沟通和基于技术媒介的互动在内的关联性体验？

应对策略

关系和联系的建立既要讲究策略，也要讲求方法。你必须掌握所有和顾客互动的联系点并展现你的社交礼仪，其中包括面对面交流、电话沟通和基于技术媒介的互动（包括电子邮件和社交媒体等）。

试试这个

◆ 用一种典型的服务循环模式把每次与顾客的见面或“关键时刻”分解成几部分，然后再进行评估，并找寻一两种方式，使每次互动都能获得改进。这些时刻就是关系势头当中的拐点。

试试这个

◆ 无论何时，有机会就要跟顾客交流，建立和谐融洽的关系。这会帮助顾客放轻松，并且建立信任感。请他们谈论自己，包括他们的出生地、个人喜好、孩子或孙辈、音乐等任何有助于你和他们建立联系的话题。

试试这个

◆ 每个月要和服务与支持团队见一次面，双方就服务循环中出现的任何带有争议性或停滞性的观点进行探讨。如果你是服务与支持团队中的一员，那就和销售以及其他部门同事见面，彼此分享反馈和协同理念。制订一项行动计划，让每个人都能为顾客创造一种缜密而积极的体验。

联系之七：尊重

人要有谦卑之心，才懂得尊重他人。

——亨利·弗雷德里克·埃米尔，瑞士哲学家

“联系”当中最重要的一个方面就是你对他人的尊重程度。尊重奠定了我们做生意的基础，也是基本礼貌。这是我们对他人表示关怀和表明我们真正具备关心他人、礼貌、和善、体贴等基本特质的方式。

自1955年开始运营迪士尼乐园以来，迪士尼一直贯彻着4项服务标准并沿用至今。它们由迪克·努尼斯和范·弗朗斯二人所创，时至今日依然是迪士尼的核心理念。最初这4项标准分别是“安全”、“表演”、“礼貌”和“能力”，但近年来它们被稍做改动，用以着重反映迪士尼企业全新的价值观：

1.安全：职员要做好每一项预防措施，确保每位客人都是安全的；

2.礼貌：我们的目标就是要把每位客人都当成受欢迎的VIP成员来对待；

3.表演：迪士尼演出以及演职人员的每个方面都必须是绝佳的；

4.效率：客人享受体验的整个过程必须是顺畅的，而且看起来毫不费力。

在这4项标准中，安全和礼貌是第一位的，因为它们直接代表着对客人和顾客的尊重。缺少这两项标准，不仅表演毫无价值，而且效率也将毫无用处。

安全是第一位的

在任何行业中，安全必须是被摆在第一位的。在布鲁斯任“魔法王国”负责人的时候，有一天晚上，一位客人正在城堡中心的一个凉亭里看“电气花车大游行”活动。为了获得更好的视野，她站在了乐园的一条长椅的后部，两手抓着几根亭顶下方装饰华美的铁制藤条。可是在观看游行的时候，她不小心从长椅上滑下来，结婚戒指卡在铁制藤条中，手指弄伤了。尽管当时演职人员没法帮助她缓解疼痛，但她仍然非常感动，因为迪士尼职员和医疗团队付出了很大心力，竭尽全力地安抚她。

这样一场灾难会毁了任何一个假期，但这位客人不厌其烦地向每个不遗余力地向她提供帮助的人表示感谢。所以在任何企业里，安全以及人在精神上获得幸福感的相关部分必须被摆在首位。

礼貌催生忠诚

迪士尼员工具备的主要特质之一就是他们的行为必须体现每个迪士尼演职人员的基本信条：首先，他们必须是一个友善而礼貌的人。尊重的基础先从常见的礼貌开始，然而我们很多人从小就学的常见的礼貌如今却不再“常见”了。

尊重与礼貌的基础就是谦卑。为了与顾客建立联系，你必须首先要有谦卑之心。没有一定程度上的谦卑心态，你是无法假装出来的。

> 根据福里斯特公司的调查，顾客留存率提升 5%，利益就会飙升 125%。

尊重、谦卑以及日常礼貌对你的企业所创造的体验是至关重要的。根据福里斯特公司的调查，顾客留存率提升 5%，利益就会飙升 125%。尊重能催生出忠诚，也是“华特迪士尼世界”的一条基本准则——在你的公司也应如此。

体验系数提问

客户关系是最重要的吗？你会一直让顾客感觉受到尊重和肯定吗？

应对策略

把别人摆在首位的艺术是体验中的一个重要部分。它是一个基础性支柱，也是通往任何成功的关联性交易的“敲门砖”。

试试这个

◆ 每天制定个人标准来改进你的态度，增进你与顾客的互动，并且创造持久性的绝佳服务。试着将个人标准制定得高于企业所定的标准。

试试这个

◆ 预测和修正。探寻游玩时可能遇到的危险状况、摔倒、视力损伤，甚至是口头承诺的陷阱——这些都可能会给你的顾客或同事带来安全上的隐患。

试试这个

◆ 列一个常见的礼貌清单。你甚至可以把它做成覆膜纸，装在口袋里。要努力成为“101 条常见礼貌”的专家。先认真地听，然后说出“请”“谢谢你”“不用客气”等礼貌用语。

联系之八：信任

建立信任，先要谈论和思考信任。

——罗伯特·所罗门，美国作家、教授

《韦氏词典》将信任定义为“放心地依赖某人或某物的品质、能力、实力或真相”。所以信任的基础就在于品质，可我们现在已经不太常听到了。

信任是所有强大和持续性关系的基础，尤其是后者。事实上，如果你误用或失掉顾客的信任，通常你也就永远失去了他们的支持。为了完成这本书，我们对员工和顾客都进行过调查，探知他们分别期望从老板和公司身上看到的最重要的品质。结果发现，信任几乎一直是排名前三的先决条件之一。

信任的三大特征

对顾客而言，信任的三大特征就是做生意的价值所在。

1.准确性：你总是公开透明地做事吗？这包括定价、协商以及提供信息，无论有多重要或多琐碎。

2.可信性：你对每个人都坦诚相待吗？这包括你提供的产品或服务的标签或品牌的真实性，以及价值主张的真实性。

3.一致性：你的言行一致吗？这会建立一种一致感和可靠感，由此会让人们想要再次光顾。

分享消极体验的人远多于分享积极体验的人

信任之所以重要，是因为顾客希望看到你真实的一面。现实中有太多谎言，以至美国的很多顾客已经厌倦大多数广告上的产品信息。如果顾客不能信任你的一致、德行和可信赖度，那么你就没有为这段关系建立根基。

我们可以把顾客与提供服务者之间的关系比作一种婚姻关系。作为提供服务者，你想让顾客“伴你一生”。尽管其特点和利益与婚姻有所不同，但相关的路线是类似的。当你表现得不真诚和虚假的时候，顾客可以感知到。很多人能看出对方不真诚的一面，而且当他们感觉自己被误导或受到欺骗时就会产生怀疑。无论这是否在真实地发生着，感知力是真实的。所以一旦信任丢失，你就再也无法挽回这段关系了。

你的企业承担不起这样的后果。如果信任丢失，人们会广发言论，而且正如我们之前讨论的那样，分享消极体验的人会远空间调查咨询公司发布的一项调查显示，86%的未购买决定都是因为受到网上负面评论的影响。

多于分享积极体验的人。空间调查咨询公司发布的一项调查显示，86%的未购买决定都是因为受到网上负面评论的影响。信任难以建立，却容易坍塌，而且无论怎样，这都会对你的企业造成影响。

在联系中建立信任

要时刻谨记，我们正在建立关联性体验以及打造企业的外部“大使”。不要忘记这些看似微不足道、实则至关重要的事情。首先从信守诺言做起。如果你没能守住诺言，那么即便是微不足道的事也会毁掉信任感。就在不久之前，一些重大的协议还是通过握手以及一句简单的回应，即“我说话算数”达成的。这就是坦诚的意义，即无论周围环境如何，你都要能够信守诺言。我们总是被建议“少说多做”，因为这就是真理。

简单地沟通。信息越模糊和不伦不类，顾客不信任的程度就越高。通常最实用的沟通风格就是清楚精确地进行谈话，而且没有晦涩的法律用语掺杂其中。你的顾客越感到困惑，他们就越容易对你产生疑虑。

强化你的倾听技能。现在，沟通的最大问题在于我们不具备倾听的技能。我们太过注重如何回应他人的言论，以至自己并没听清楚对方想要传达的信息。掌握积极的倾听技能，它包括总结对方的信息，然后用一种简单清楚的回应方式复述出来。这样做有两种好处：它能确保你明白对方的信息，也让对方知道你们是信息同步的。

仅此一次

信任就是一切。即使你花了很长时间为一段关系建立基础，只要发生一场事故、一次失败或一次判断失误，信任就有可能被毁掉。

我在北卡罗来纳州的夏洛特市长大，那里有一座由吉姆·巴克建造的基督教主题公园，名字叫作“美国遗产”。20 世纪 80 年代中期，这座公园是全美第三受欢迎的主题公园，仅次于华特迪士尼世界和迪士尼乐园。巴克先生赶上了这次机遇的末班车，却因为贪婪、财务不够透明、有欺诈行为以及缺乏诚信（甚至牵扯到一场事故），导致他的整个商业帝国崩塌。所以要记住：无论在生活上还是工作上，你通常只有一次被信任的机会；如果你搞砸了这次机会，你可能永远都不会有第二次了。

我们再看看这个故事的另一面。1982 年的芝加哥，有人打开盛有泰诺药物的药瓶，然后把氰化物胶囊放了进去。因此，强生公司从各家药店回收了全部的泰诺药物。专家预测说这是泰诺的末日，但强生公司所采用的积极的应对措施以及包装上的新式防伪标识再次向顾客保证：安全（信任）是泰诺的一个重要组成部分。如今，强生公司呈现出前所未有的强大实力。虽然在那次回收事件中，强生公司亏损了数亿美元，但自那以后，他们采取了非常关键的补救措施。公司的高管被告知，他们不必清理这款药品在美国的全部库存，但是他们清楚这样做是正确的。

如果有人欺骗或误导你，致使你失掉信任这个要素，那么要重获信誉是非常困难的。一旦信任遭到破坏，重建它就非常难了。

体验系数提问

有没有一个承诺和一个清楚的计划，能够跟与你的企业有关系的每位顾客建立信任?

应对策略

信任对于创造一种绝佳体验是十分必要的。所以在此阐述这一点的真正意义在于，要在和顾客的互动和联系有限的情况下，想办法建立信任。

试试这个

◆ 仔细查看每次与顾客互动的进程和提供的信息。不惜一切代价地熟知它们。每次互动都要诚实可信，并且能明显地看出是为他们好。可信度就来自顾客们知道他们可以信任你说的话，并且相信你的意图是纯粹的。

试试这个

◆ 要积极主动。首先告知顾客所有的成本、花费和支出会是多少。任何隐瞒或额外的花销都会引起猜疑。要记住，大多数顾客都不想要“惊喜”。

试试这个

◆ 写下你所做的每个承诺或声明。做一个敢作敢为的人：信守承诺，否则就别做出承诺。在信守承诺的前提下，控制你能控制的事情。

联系之九：关系

听从命运的安排，将真诚的爱赋予那些注定伴你一生的人。

——马库斯·奥勒留斯，罗马帝国皇帝

无论在何种程度上，所有的服务都会制造建立关系的机会，甚至是那些仅仅持续了几秒钟的服务。比如跟一位顾客的初次见面，问题出现后的及时回应，或者在正确的时机称赞客户——后者刚刚度过了悲惨的一天。这些机会仍然具有潜在的关联性。可到了某种程度上就成了另一回事。有些服务本质上似乎更加讲求策略（只是实现一项服务），而其他服务作为体验的一部分被囊括其中。一些有意的关联性联系就是服务的一部分，但其他联系被描述成“可提供的关联性体验中的一部分”。两者的差别和“绝佳”的程度就取决于你了。

迪士尼乐园中有超过70%的客人是熟客，他们当中很多人都已经来过很多次了。有趣的是他们能找出各种经常来玩的理由，比如这里有“我最喜欢的乐园”、“我的演出”或者“我的餐馆”。这种感觉就像他们拥有这座乐园，以及随之而来的自豪感一样。事实上他们已经和这座乐园的某些地方建立了某种关联，也和乐园里的某些员工建立了关联。如此一来，他们就成为迪士尼乐园服务体验的“外部大使”。

> 迪士尼乐园中有超过 70% 的客人是熟客，他们当中很多人都已经来过很多次了。

所以，关联性服务或者为了建立某种关系基础而产生的服务极为重要，尤其对于迪士尼而言，毕竟这要花费一个普通家庭大概1 500美元一天的游乐费用。这些年来，他们已经建立了某种关系以及随之而来的信任，甚至在某些情况下，这些关系和信任已经伴随了几代人：迪士尼的一些客人在迪士尼乐园玩乐已经快60年了。

和顾客建立终生的关系，而不只是交易

从一开始谈到的“印象”，到引进“互动点”的概念，再到现在谈论的“联系”，这些原则汇集起来，就会在大脑中留下某

种印记。当我们在讨论“联系”这项原则的时候，我们对自身业务、企业以及所提供服务的期望就是首先让自家员工成为“内部大使”，然后再从顾客中培养体验的“外部大使”。我们希望他们能和别人分享自己的积极体验。关系是基于情感、策略或经济上的体验而建立的。一种不良的体验等同于关系的缺失，也就意味着不会产生“大使”，也不会有分享，就是这么简单。更有甚者，费尽一生的时间建立的关系在顷刻之间遭到毁灭。至于我们谈论的关联性体验，你可以做一切正确的事与消费者建立联系；然而“一步走错”，处理失当，这段关系就将不复存在。

我喜欢拖拉机供给公司前总裁乔·斯卡利特对此的看法。他说道：“我们的顾客不是某种交易单位。我们希望和他们建立终生的关系。”建立关系以及创造关联性体验背后的秘诀首先在于你想让联系对象以何种方式被看待和重视：你是在寻求利益还是关系？

关系的科学

尽管建立关联性体验的概念很简单，但关系本身是相当复杂的，所以确实有一种科学专门用于指导人们建立关系。在《关系势头》（*Relationship Momentum*）中，我探讨了关于通过三种具体的关联性权益建立关系的需求，包括品牌权益、价值权益和大使权益。通常我喜欢用方程的形式表现关系科学，而我们都知道任何东西只要用零来乘，结果就是零。关系的科学和秘诀就在于拥有这三项权益，前提是你有兴趣发展某个品牌、想法或理念。下面我们来详细介绍这三种关联性权益。

1. 品牌权益：你的身份以及你所代表的东西。相比标识，这项权益更多的是代表品牌精神。
2. 价值权益：它宛如魔法一般！你真的在创造价值吗？对消费者而言，它是真实相关且逐步提高的吗？
3. 大使权益：利用强势品牌的力量和真正的价值主张，先将消费者发展成为热衷者，最终发展成“大使”。

对企业而言，你的“关系”在市场上的流通方式就很简单了：创造关联性体验。如果你建立了真正的关系，你就会被提及和推荐，而企业也会开始获得实质性增长。

体验系数提问

你的企业承诺要建立关系并培养终生顾客吗？

应对策略

关系的建立要花费很多时间和精力，但它们是企业培养忠实“大使”的最初的催化剂，后者会向全世界诉说你创造的体验。

试试这个

◆ 运用一种系统或技术让你的熟客随时了解他们感兴趣的在售商品、特价活动或体验机会等情况。保持跟进并回访顾客，确保他们满意。这样他们就会知道可以依赖你。同时你也必须行动起来，真正在你的客户群中培养“大使”。

试试这个

◆ 通过提供超出顾客预期的服务或给予他们更多的服务来提升价值。定期传达这种价值观，并且继续致力于其发展变化。价值是关系的根本，一种强烈的有价值的存在感有助于顾客为成为“大使”做好准备。而且它还会告诉顾客：你很重视他们，欢迎他们再次光临。

试试这个

◆ 准备一个标签或可见的信条，用以表示你对建立关系和培养终生顾客的承诺，同时也要承诺塑造的“大使”（即你建立关系的结果）是真实可见的，因为你一直希望让顾客做好准备，成为企业及其提供体验的推广者。

联系之十：回顾

勇气意味着你要不断促成一种关系，不断寻求解决难题的方法，以及在身负重压时期保持专注。

——丹尼斯·威特利，美国演讲家

显而易见的是，当下的美国企业在提供服务时缺少跟进和后续行动，无论是将体验进行到底还是核查体验及发展迅猛的“联系”的热度。这种关于持续跟进的策略以及了解消费者对体验的感受或享受的步骤通常会在一连串提供服务策略中被遗漏。

交易完成，顾客从上帝变骗子

年轻的时候，布鲁斯常常进行二手汽车的买卖交易。到目前为止，他已经买过45辆车，所以他有和车行打交道的丰富经验。当他的孩子们分别要上小学和初中的时候，妻子觉得家里需要一辆更大的车，这样就能够带着孩子们一同去参加重大事项、游戏和其他活动。在当地车行的帮助下，布鲁斯从工厂预订了一辆特制的小型面包车。为此他不得不等6周的时间，但这个等待是值得的。

在整个销售过程中，他和他的家人都获得了非常好的服务。无论是接他的电话还是顾及他的担忧，车行的职员都极为耐心细致。在他拿到这辆车之前，一切都很顺利。之后，即大约在拿到车的 6 周后，他带着问题再一次来到车行。可这次，他感觉自己就像一个骗子：似乎没人记得他，他们忘了他的名字，还把他当成一个碍事的人不予理会，而不是以一个受重视的顾客的身份对待他。时至今日，他一收到这家车行发来的邮件（上面写着“欢迎下次光临”），就会立刻删掉它。他仍然喜欢这个品牌的车，但自从那次后，他再也不会支持他们，而且他“再也不会去那家车行买车或给他们推荐顾客了”。

劝顾客不买新款车的销售人员

对比上面的故事，我在田纳西州布伦特伍德市安德鲁斯的凯迪拉克汽车专卖店的体验则完全相反。在遇到这家店的共同所有人尼尔森·安德鲁斯之前，我从没买过一辆凯迪拉克轿车。由于安德鲁斯一家多年来一直支持着我的慈善事业，我不得不进店里环顾一番。我刚来到停车处，立刻就有一个销售人员过来问我，有什么是他可以帮忙的。结果，我买了人生中第一辆凯迪拉克。这是辆好车，而且毫无疑问的是我在非常棒的人手上买了一辆好车。对我来说，其独特之处就在于我在这段时间的体验，尤其令人印象深刻的是买完以后的种种。

我的那名销售人员是凯迪拉克的一个老员工，名叫约翰·比尔登，今年 31 岁。约翰热爱他的工作和同事，还有凯迪拉克。约翰要求自己要了解顾客家人的名字、生日以及其他重大事项，甚至一年中还有几次会给他顾客的家人打电话，询问用车体验。我就是那些多次来到这家凯迪拉克专卖店并从约翰手上买车的人之一，而且以后还会过来。事实上，就在最近，我甚至被他劝说不要买今年的新款车来代替老款，因为虽然车型一样，但老款车简直无可挑剔，而且耗油量超低。我最终买了一辆老款车，不仅省了一大笔钱，而且很开心，因为我依然开着我想要的、风格和外观都一样的车。从最初的印象到最后完成交易期间的接触，约翰、尼尔森以及整个专卖店的团队一直在承诺并践行。因此，我又怎么可能从别人那里买车呢？这是一个极好的例子，不仅完成了销售目标，而且还创造了一个绝佳体验。

跟进为何如此重要

跟进和回顾是指服务开始后的情况，不是指销售前或销售过程中。你会在售后联系中真正表现出你是否在意及在意的程度。这时候，员工和销售代表就要展现他们对你和你的满意度真正感兴趣的程度。

归根结底，后续行动指的就是与你的顾客建立长远关系。如果你希望促成不止一次的体验，那么你如何对每位顾客保持跟进以及采取后续行动就极为重要了。其原因如下：

1. 它会体现你的真诚。你真的在意顾客。

2. 它会展现你的诚信。你是个信守诺言的人。

3. 它会表现你的可靠。你已经建立了信任的基础。

4. 它会重视你们的关系。服务比销售更重要。

5. 它会带来回头生意。顾客想一次又一次地回来。

6. 它会制造口口相传的广告效果。顾客想把你的公司告诉别人。

通过实践这些基本的价值主张，你会让顾客自愿为你的公司做广告宣传，从而带来巨大的投资回报。如果你记得圣诞电影《34 街奇迹》（*Miracle on 34th Street*）的翻拍版，你就会想起那个“真正”的圣诞老人克里斯·克利高，他被雇用扮演假的圣诞老人出现在纽约市的科尔百货商场里面。当一位顾客向克里斯抱怨说科尔百货商场没有某一款玩具的时候，克里斯很热心地建议她可以在他们的竞争者那里以特价买到。而当这名顾客向克里斯的经理反映这件事的时候，经理大发雷霆。正当经理要去找克里斯问个究竟时，这名顾客对他说：“你告诉你的‘圣诞老人’，他让我成为科尔的一个顾客。任何一家把顾客看得比万能的钱更重要的店家都值得我信赖。我会来这里买一切东西，除了香蕉和厕纸！”

后续行动则意味着为客户寻求最佳利益。再问一次：它为什么如此重要？首先，人们值得更好的服务。如果一开始就秉承这种信念，你就已经领先大多数人了。其次，你无法忽视有关顾客

> 最近，佩珀斯—罗杰斯集团进行的一项关于“顾客体验成熟度监测”的实验表明，有81%的公司在为顾客提供绝佳体验时所展现的强大能力和实力都远超其竞争对手。

服务体验对于企业获得成功的意义的各项数据。最近，佩珀斯—罗杰斯集团进行的一项关于“顾客体验成熟度监测”的实验表明，有81%的公司在为顾客提供绝佳体验时所展现的强大能力和实力都远超其竞争对手。数字是不会说谎的。

如果你把顾客的需求摆在自己的需求前面，那你就会把自家企业和你的竞争者区别开来。如果你对待顾客的方式正如他们想被对待的一样，那他们就会成为你最忠实的拥护者。换句话说，他们也就成了你公司的“大使”。

体验系数提问

你是否在不遗余力地完成服务体验，并且确保每一步都有后续行动，从而让顾客完全满意呢？

应对策略

如果企业没能让每位顾客感受到“绝佳服务”这一层级，那么整个体验就会变得一无是处。

试试这个

◆ 要有一个用来跟进和确保问题获得解决或机会得以实现的体系和

进程。即便你把问题甩给别人，你依然对此负责。重新回到顾客身上，保持跟进，确保顾客满意。

试试这个

◆ 不断改进你的问候、宣传或接触用语。如果这个模板一直在更新，那么在让你和你的同事对演出保持兴奋的同时，它也会继续和别人产生联系。

试试这个

◆ 服务在销售的最后环节重新启动，你可能认为的终点事实上则是一段持久关系的起点。这个体验就是一项进程，因为顾客会记住的最后一件事和他们记住的第一件事同等重要（前者甚至比后者还重要）。要争取让他们最后产生的印象比第一印象还要好，这样一来，你就会发现顾客会不断光顾你的公司。

第六章　第三大原则：态度

态度的软弱意味着性格的软弱。

——阿尔伯特·爱因斯坦，物理学家

使迪士尼乐园优于世界上其他所有主题乐园的因素有很多，但我们相信首要因素就是“态度”。如果我们能确定存在某些将迪士尼与世界上的其他企业区别开来的因素，那就是迪士尼传达其想法、信仰和企业形象的方式。

态度就是对你所想、所说以及最终所做的一切事情的过滤。它是你看世界的透镜，也是你内心感受的外在表现。对顾客来说，体验可能源于第一印象；对那些负责提供服务体验的人来说，他们首要考虑的因素就是“态度”。

什么是态度

你的所思所想通常会以你做事情的方式表达出来。著名的前大学橄榄球教练卢·霍尔茨曾这样说过：“能力是指你能做的事情，动力决定了你要做的事情，而态度决定了你能把事情做得有多好。”你可以通过控制自己看待事情的方式，进而掌控自己当下的样子和你想成为的样子。

著名作家查尔斯·斯温道尔曾说过："活得越久，就越容易意识到态度对人生的影响。对我而言，态度比事实还重要。它的重要性超过了经历、教育、金钱、环境、失败、成功，以及别人所想、所说和所做的事情。它要比外表、天赋和技能更重要。它会成就一家企业、一个人或一个家庭，也会毁了他们。"

所以我们精心地将态度放在"I. C. A. R. E."五大原则模型的中间部分，作为整套理论的黏合剂。没有正确的态度，就没有充分的理由花时间去研究"印象"、"回应"和"绝佳特质"，自然也就不会产生"联系"。

态度为何如此重要

多年来，人们从事了很多包括试验组在内的研究工作，用以探究态度与成功的内在关联。戴尔·卡耐基基金会就在他们的研究过程中发现了有趣的事情。关于人们要如何在职场和生活中获得成功这个问题，研究人员把范围缩小到两个主要方面：第一个方面是技术层面的知识和技能，第二个方面是人的能力和态度。在探究成功秘诀的过程中，他们发现了这个结论：在所有成功的案例中，有15%是因为技术层面的知识和技能，其余的85%则都是由于人的能力和态度所致。

然而，我们都在试图回答的问题并不是"我们怎样才能获得成功"，甚至也不该是"我们怎样才能搞定工作"，而是"我们应该怎样通过完成一项了不起的工作来获得成功”。你必须掌握一些技术层面的知识和技能才能完成一项工作，这是毫无疑问的。但在获得关联性体验的过程中，人们只有通过正确的态度，再加上自身掌握的过硬的技能，才能够完成了不起的工作。我们所有人都应该拥有伟大的态度，在思想上树立“大使”意识，为我们的企业、服务和体验带来生机。

戴尔·卡耐基基金会就在他们的研究过程中发现了有趣的事情。关于人们要如何在职场和生活中获得成功这个问题，研究人员把范围缩小到两个主要方面：第一个方面是技术层面的知识和技能，第二个方面是人的能力和态度。在探究成功秘诀的过程中，他们发现了这个结论：在所有成功的案例中，有15%是因为技术层面的知识和技能，其余的85%则都是由于人的能力和态度所致。

态度是一面透镜

下面要讲的是芝加哥的一个极为难搞的六年级班级的故事。显而易见的是，这帮学生非常爱捣乱，以至在开学前几周，学校就已经有三名教师离职。后来，一位名叫威尔逊太太的退休教师听说了这家学校的困境后，愿意过来任职。即便她是一名非常优秀的老师，校长还是觉得她带这个班可能太危险了。但是因为没有人愿意担负这个职责，所以最终他还是决定聘请威尔逊太太。校长十分担心，甚至愿意给威尔逊太太在班级外面安排一名警卫，但她拒绝了。

一开始进展得并不顺利，可到后来学生们就逐渐安定下来并主动配合。到那个学期末，他们实现了突飞猛进的成长；而到那个学年末，他们班是全校提高最多的班级。为了表达学校管理层深深的感谢，校长为威尔逊太太举办了一场“二次退休”的宴会。在宴会上，他向威尔逊太太请教，想知道她对他们做了什么，居然让这个难以管教的班级焕然一新。她回答说：“事实上，他们能取得进步，我还得感谢你。我觉得，你给我的那份列着他们名字和智商的单子才算得上‘神来之笔’：玛丽——智商123，马克——智商127，鲍比——智商132，还有我最头疼的杰西——智商141。这些孩子本身都非常聪明，只不过他们需要一些爱和方向，还要有人挑战他们，并且深入挖掘他们的内心世界。”

她讲完后，校长怯怯懦懦地回应道：“威尔逊太太，那些数字代表的不是他们的智商，而是他们的储物柜号码。我当时只是觉得，如果你要遣送他们回家的话，让你知道他们的储物柜在哪儿可能会是个好主意。”

如果我们调整态度这面“透镜”，用一种全新的眼光看待人，也包括看自己，这带来的效果是多么神奇啊！无论是我们有意为之还是它偶然发生，这种“不可能”是会变成“可能”的。人们倾向于在自我或别人对他们的期望中取得进步或萎靡不振。服务的核心就是在你看待顾客的方式中找到的。

设置船帆

两艘巨大的帆船驶过彼此，一个向北、一个向南行进。它们没有配备动力来源，只能靠海风吹着船帆前进。那么朝相反方向行驶的两艘帆船要怎样利用同一种风推动它们前行呢？这里的关键就在于船帆的设置，它决定了船行驶的方向。通过调整船帆，你会改变船的行进方向。虽然风是动力来源，但船帆被风吹的“弯曲程度”才决定了船的行进方向。

对人和企业来说也是如此。生命和环境是我们的动力所在，但态度才是那个“弯曲程度”，决定了我们要走的方向。而且很棒的部分在于我们是方向的掌控者，因为我们会控制自己的态度。我喜欢拉尔夫·沃尔多·爱默生说过的这句话：“即便把事情搞定，但你缺少激情，它也不会显得有多了不起。”所有那些通过努力实现伟大成功的事例都充满着激情和热情。鉴于此，当你在看关于态度的“受迪士尼公司启发所得的十大非协商原则”的时候，不妨思考一下自己的“船帆设置情况”。你的企业是带着激情和热情的态度做事的吗？或者是在得过且过？

态度：受迪士尼公司启发所得的十大非协商原则

态度之一：理想主义

每次体验都开始于“人们理应获得更好的待遇”这一信念。

态度之二：选择

致力于创造一种绝佳体验的决定。

态度之三：渴望

坚决执行服务体验的行动。

态度之四："是"的心态

建立一种以"是"为准则的文化，而不要有例外。

态度之五：幸福感

如果没有处在一个幸福的环境中，那么人们要获得一种积极的体验是很难的。

态度之六：乐观精神

正向思维的力量会渗入任何环境中。

态度之七：期望

期望成功，也让员工和客户有这样的期望。

态度之八：坚持不懈

持续改进体验的各个方面的驱动力。

态度之九：所有权

营造一个对服务体验负责的氛围。

态度之十：启示

认识或了解你的态度、服务以及你创造的体验对你的员工和顾客的重要性。

态度之一：理想主义

说而不做，是对理想主义的扼杀。

——赫伯特·胡佛，美国第 31 任总统

对于自己的产品、想法和服务的伟大程度，我们都会有一些夸大。这没问题。毕竟，如果连我们自己都不相信自己的想法，那还有谁会相信呢？可是如果这种错觉变成在审视自己的服务标准和体验时产生的错觉，这时问题就出现了。

当涉及理想主义和提供体验的时候，存在于我们自己的想法和企业中的这种“莫名兴奋感”的积极属性就很有用了。我们必须认为我们提供的服务有机会改变整个行业、地域甚至全世界。如果我们没有由衷地相信这一点，那么这种体验通常就会消失。这就像设定目标：如果我们没有对成功设定目标或蓝图，那我们通常就会变得自满、冷漠或者无聊，而我们的态度也会变质。

态度+信仰=信念

这里有一个简单的公式，它能够彰显态度的力量：

态度+信仰=信念

态度终究是你对人生的认知。思考一下：有两个人站在一场瓢泼大雨中，她们都没有带伞。这时候，其中一个人很愤怒，因为她的新鞋会遭殃，而且她很冷，再加上她刚从美容院出来，所以她的头型就会变得一团糟。另一个人也站在雨中，但她决定找找乐子，享受这个无忧无虑的时刻，消除身上所有的压力。坏事会发生在我们每个人身上，但问题是：你会怎么做？

第二个要素是信仰。早在孩童时期，我们大多数人都被教导要相信会带给我们力量和有理由信任的事物。当各种事项堆在你面前，周围的一切都处于混乱状态的时候，信仰就会让你踏实，保持专注。信仰是指一套价值观或原则，它们深植于你的内心，为你的未来奠定基础和框架。你的信仰对于你在人生和各类关系中的方向性和成功与否都十分重要，这当然也包括工作上的。

每种体验都始于这种信仰，即人们理应获得非常棒的产品、服务或过程。如果你没有一个更好的理念用以指导做事，那么你和顾客都在寻找的体验就永远实现不了。你必须在很早以前就要设想好实现卓越的可能性，然后再期望把这种可能性变为现实。

据美国运通公司全球客户服务报告的内容所示，60%的消费者相信企业并没有在提供良好的顾客服务方面提高专注度。其中又有26%的消费者认为，事实上企业正在降低对整体体验的专注度。对很多企业来说，强大的顾客服务以及创造一种“极好”乃至“绝佳”的体验可能早已成为陈词滥调，但能认真执行的企业可就不常见了。“消费者理应获得比他们正在接受的更好的待遇”这一理念就是全公司都必须要共享的一个信仰，这样绝佳体验才得以实现。

据美国运通公司全球客户服务报告的内容所示，60%的消费者相信企业并没有在提供良好的顾客服务方面提高专注度。其中又有26%的消费者认为，事实上企业正在降低对整体体验的专注度。

因此，态度加上信仰，你就获得了信念。通常来说，信念会导致成功。如果态度指的是你感受的方式，信仰指的是你感受的事物，那么信念带给你的就是带着理念做成事情的原因。

退缩还是追随信念

2010年，亚马逊创始人杰夫·贝佐斯在普林斯顿大学的开学典礼上演讲时提到了这样一个问题：“受到批评时，你会选择退缩还是跟着自己的信念走？”每个为实现伟大目标而奋斗的人都在某种程度上曾因为他们的信念遭受过责备与嘲笑。

华特·迪士尼的梦想没有人相信，甚至连他的合作伙伴也不信。华特想要让迪士尼乐园成为现实。记者们嘲笑他。专家们告诉他，如果没有摩天轮，他的乐园将无法存活，而且它的运营不会超过一年。所以他不得不变卖他个人拥有的一切，包括他的人身保险，一心要建立迪士尼乐园。但这仍然不够。最终，他和美国广播公司就他对一场演出的全新理念进行接洽，后者借给了他50万美元，还有450万美元的贷款担保金——这两笔钱作为迪士尼乐园35%的股权以及制作第一周“迪士尼乐园”广播的花销。甚至连银行家都对华特说，他要用11年的时间才能偿清迪士尼乐园的债务。但他一年就还清了。

信念不只是风险，也不只是努力工作。你必须要把它和“你能获得成功”这一信仰，以及最终的推动者——态度结合到一起。如果你做成了这件事，那么一切体验皆有可能。

体验系数提问

有没有一种信仰既存在于公司的理念和风气中，也存在于“尽力创造最佳体验”这一想法中？

应对策略

信念是那个真正能把你和其他个人与企业区别开来的因素。你必须相信顾客值得获得绝佳的体验，而你也能创造出这种体验来。

试试这个

◆ 养成听励志演讲的习惯。无论是手机下载、听CD（激光唱片）还是现场观看，它们都有助于你塑造态度——每个人和每家企业都在寻找的东西。

试试这个

◆ 每个月至少一次在纸的最上方写下“目标”一词，然后列出能够支撑你目标的信念以及你相信它们的原因。下一步，弄清楚最能够支撑起这些信念的态度和要素。

试试这个

◆ 无论作为个人还是团队，创立一个愿景宣言，即通过某种努力成为最佳个人或团队。不要让任何人阻止你前进的脚步。要心念成功以及关于你工作和愿景的积极方面，并且在这个过程中每周记录你取得的成就。

态度之二：选择

命运无关机遇，而在于选择。它不是你等待就能得到的，而是要靠你去实现。

——威廉·詹宁斯·布赖恩，美国政治家

建立一种体验并非易事。它必须要取得全公司的人对彼此承诺，大家一同创造最终要提供的服务体验。关于人生的一点好处就在于，你确实可以对自己做的事情、到达的程度以及如何实现等做出选择。

查尔斯·斯温道尔曾说："有一件很棒的事情是，我们每天都可以选择自己的态度，并以此拥抱这一天。我们没法改变过去……也没法改变人们以某种方式做事的事实。我们无法改变不可避免的事情。我们唯一能做的，就是操控我们手中的那条线。那就是我们的态度。我很确信，在我的人生中，有10%的事情是发生在我自己身上的，而剩下的90%则是我对其他人其他事情的回应。我是这样，你也是。"

心怀美国梦更容易成为百万富翁

如果你在别的国家出生并且一直成长到21岁，然后移民到美国，那么在成为百万富翁这件事上，你的机会就比一个土生土长的美国公民高出400%。这是我们在研究过程中发现的一个事实。这是为什么呢？因为那些人满怀志向，只不过多年来一直被压抑着。美国人压根儿就没有这样的雄心壮志。那些人内心有着强烈的渴望，他们想施展自己的才华和能力。他们的工作准则是，很多人愿意同时做三份工作，只因希望有机会能实现自己的美国梦。

多年来，很多来自尼日利亚、印度、伊朗和俄罗斯的人都对我们说过这样的话："我真希望你们美国人能够在我们国家待上一年，你简直会受不了！你不知道你在这里所拥有的一切有多好！来印度感受一下种姓制度——在这里你没法选择你想成为怎样的人；或者在海地生活——这里的年薪是200美元，贫困随处可见。现在，我们终于来到了美国。这里没有限制。我可以开三年的出租车，然后买下这辆车；再过10年，我就可以拥有自己的公司了。"

就是这种渴望实现成功的选择和机会推动着人们不断前行。我们很多人都失去了让自己与众不同的渴望，因为我们已经变得骄傲自满。所以，事实可能是我们失去了强烈的渴望，也可能我们一开始就没有。作为一家企业的领导者，你必须想办法激励自己的员工，树立正确的态度。根据InteliSpend公司的研究，自由散漫的员工每年占据的经济成本超过3 000亿美元。那么对这些散漫员工的选择又会耗费你多少成本呢？

根据InteliSpend公司的研究，自由散漫的员工每年占据的经济成本超过3 000亿美元。

达成创造绝佳体验的协议

我们几乎不再谈论"协议"这个词，但如果我们要追求成功的话，这个词就能够将我们每个人整合到一起。这个"协议"指的是对你将要做的事做出一个必须遵守的承诺或保证。从我们讨论的话题来看，一份协议就是你和自己或别人的一份合约，用以充当某个角色或担负某种责任。那些真正期盼获得成功的人会跟自己签一个协议，即他们不会通过走捷径来实现成功。他们认为，“平淡无奇无法激励他人”。几年前，布鲁斯被一块广告牌激发出一些联想。广告牌上写着：“你必须要……如果你不想，那就做不到。”这和你的智慧、长相、才华或你擅长的领域都无关，这些东西只能起辅助作用。如果你没有强烈的渴望，你就无法做成任何一件事。

企业还会和他的客户签订协议——品牌传递出的承诺应该是其价值主张的一部分。无论你是否足够有意对此进行交流，或者向客户传达协议的意思，这种理性的合约应该与企业的核心价值观一致，而且应该在最大限度上发挥出来。就像我们在这本书中讨论的其他每一条原则一样，态度是一种选择；除非做出那个正确的选择，否则我们不可能创造出一种绝佳体验。只在口号中谈论服务是不够的，我们必须要做出“创造绝佳体验”的决定。

体验系数提问

你做过对创造一种绝佳体验加以承诺的决定吗？员工相信和支持这项决定吗？

应对策略

态度是一种选择，也是激励你做一切事情的决定性因素。

试试这个

◆ 每天要提醒自己，可能还有你的同事：你的态度就是一种选择。这可以作为一条标语，就像圣母大学球员在进入比赛场地时喊出的那条著名标语“今天要打出冠军的样子来”；或者就是一张简单的便条，为了提醒自己而放在储物柜里、桌子上或车上。选择拥有正确的意识是每天都要做的一件事，有时甚至每个小时都要做一次。我们都需要不断被提醒。

试试这个

◆ 列一个清单，在上面写下你要感谢的事物。把这份清单当作一种催化剂，在你的工作和生活中选择实现成功。生命是一份天赐的礼物，但如何利用它则是你的选择。

试试这个

◆ 在你的团队、部门或企业中创建一份协议，用以在任何情况下都能让大家保持积极。可以将这份协议写入合约或职工手册中，也可以用标语的形式呈现，总之要让所有人都看到并记住。

态度之三：渴望

一切成功的起点在于渴望。

——拿破仑·希尔，美国成功学大师

在InteliSpend公司最近的一次调查研究中，我们了解到，对一家品牌或公司保持忠诚的顾客中，有41%是因为他们会一直关注员工的积极态度；会疏远一家品牌或公司的顾客中，有68%是因为员工的消极态度。

在对体验的执行上，我们一定要有坚定的决心，甚至有些时候必须去争取。当你试图创造绝佳体验的时候，有太多人会有意或无意地跟你和你的团队对着干。你会看到人的自满、懒惰、嫉妒等，它们都是你实现卓越的阻力，而且就在你身边。与此同时，不要认为你的顾客没有注意到这些。在InteliSpend公司最近的一次调查研究中，我们了解到，对一家品牌或公司保持忠诚的顾客中，有41%是因为他们会一直关注员工的积极态度；会疏远一家品牌或公司的顾客中，有68%是因为员工的消极态度。这种坚定的决心能够让你成为行业中的佼佼者，也很有可能为企业创造最佳的服务体验。因此，它就是你能实现绝佳体验的唯一途径。

渴望的感染力

我们都听过这样一句老话："你可以把马领到水边，但你不能逼它喝水。"我们给这句话做了一些改动：你可以放些盐在它的燕麦里，让他感觉到渴。我们作为领导者的职责或者作为员工的工作就是给别人带来"饥渴感"，或者叫"渴望"，从而帮助他们创造成功所需的驱动力。要做到这一点，首先自己的内心要有相同程度的渴望，即你想让身边的人也有的渴望。即使你无法改变别人，你也可以激励他们。这就是任何人以合情合理的方式所能做到的最大限度了。

渴望能创造动力，而且感染力十足。当人们产生兴奋感，并且开始培养执行力和继续重复那些可以创造一种绝佳体验的小事所需的坚定信念时，它也将开始影响企业中的其他人。对你的“内部大使”而言，这很可能是最重要的因素：创造一种极具感染力的渴望的艺术。但还要记住的是，“动力”和“动机”是不同的。

我们了解关于动机的两个方面分别是：

1. 你无法让别人产生动机。
2. 别人做事是出于他们的理由，不是你的。

如果我把枪对准你的头，命令你做出一些举动，这不叫动机，而叫胁迫。动机只能是自我产生，但是你可以依靠富有感染力的渴望和正确的态度创造动力。一旦你创造了足够的动力，即每个人都开始理解并参与其中，那么甚至是最为不满和难缠的人也不会想要错过这种乐趣。

激情是实现目标最好的驱动力

这里说的“激情”并不是指那种浪漫的感受，而是你发自内心的热情和兴奋感。“你是谁”和“你代表什么”会通过激情表现出来。激情是促使大多数人变得优秀的驱动力。

激情是指你对所做事情有着深切的信念和骄傲。如今，这个古老的原则比任何时候都要真实：“找到你喜欢做的事情，那么你这一生都不会觉得自己是在工作。”如果你能找到让你带着激情和目标做的事情，那么你就会本能地投入其中。这就是史蒂夫·乔布斯和托马斯·爱迪生每天工作 20 个小时的原因。对他们而言，那不再是工作。他们只是在做自己喜欢做的事。他们对于发明创造和工作的激情给予了他们做自己热爱的事的目标和价值观。

伯尼·马库斯和阿瑟·布兰克都是Handy Dan家居建材用品公司位于南加州的实体店负责人，后来两人都遭到了解雇。可他们并没有意志消沉、埋没激情，反而突发奇想，成立了一家家居建材用品公司。后来，这家公司全国知名，而且规模远超行业内的其他公司。通过坚持他们在客户服务和重视他人这方面的价值观和文化理念，马库斯和布兰克让家得宝公司成为第一家营业额达到 300 亿美元的家居建材用品公司。

华特·迪士尼第一次在商业上取得成功是在 1927 年，当时系列动画片《幸运兔子奥斯华》（*Oswald the Lucky Rabbit*）面世。尽管华特早已创造了“奥斯华”，但他始终没能拿下这个卡通人物的版权，因此也就没有对“奥斯华”的使用权。华特乘火车从洛杉矶来到纽约，发现他的经纪人偷走了“奥斯华”等所有卡通人物并据为己有。这让华特陷入了困境。然而，华特并没有陷入愤怒和绝望的深渊中，反而给他的合作伙伴、哥哥罗伊发了封电报，上面写着：“不用担心，我这里一切顺利。等我回去再跟你细说。”

如果华特不是个天生的乐观主义者，那么他返回洛杉矶的那三天旅程就会是他人生中最漫长的时光。他拿出自己的素描本，开始创作一个新的卡通人物。这次，他决定不给任何人看，直到自己确定拿到了所有的版权。1928 年，华特以动画片《汽船威利》（*Steamboat Willie*）向全世界介绍了“米老鼠”这个卡通形象。很快，“米老鼠”系列大获成功，而“奥斯华”则渐渐消失在大众的视线中。

华特曾这样说过：“每个人都有过摔跤的经历，而重新站起来就是你学会走路的方式。”如果华特没有失掉对“奥斯华”的版权，那他可能永远也不会认为需要创作一个新的卡通形象，而我们也就不会见到米奇、米妮、布鲁托和高飞；他也很可能没有钱建立迪士尼电影公司和迪士尼乐园，那么《灰姑娘》（*Cinderella*）、《白雪公主》（*Snow White*）和《狮子王》（*The Lion King*）等电影就永远不会诞生，而你也永远不会听说迪士尼乐园或华特迪士尼世界。所以有时候我们的失败经历就是发生在我们身上的最好的事情。在关键时刻，真正的渴望就会大放异彩。

体验系数提问

你有没有一种要为每位顾客创造绝佳体验的渴望和坚定的决心?

应对策略

渴望会给你做的事情带来目标、驱动力和方向。

试试这个

◆ 写下你看到的三个缺少渴望的具体的地方，可以是自己，也可以是企业。与他人合作，共同制订一个行动计划，用以阐述你要如何改进这些地方。

试试这个

◆ 在公司里面找出三个最消极的人，然后养成一个习惯：每周鼓励、激励和支持他们。

试试这个

◆ 让每个人列举出他们人生中充满激情的三件事情，然后请他们把那些激情结合到公司所创造的顾客体验的执行上。

态度之四："是"的心态

最关键的问题在于，你是否能够对自己的冒险旅程由衷地说一声"是"。

——约瑟夫·坎贝尔，美国作家

"是"的心态是你可以拥有和运用的最强大的工具之一。对布鲁斯而言，为迪士尼世界工作的感受是兴奋与压力并行的。成为"世界上最快乐的地方"并不总是那么容易。迪士尼演职人员的不同之处就在于很多经理都要努力保持一种"是"的心态与积极乐观的态度，而这很快就会变得感染力十足。那些可以展现乐观精神的人能够创造积极的成果，这也会让每个人在工作和服务中更加享受。

最近，分析服务公司KISSmetrics在其针对分析与营销领域所写的一篇博客中提到，仅在一年内，财政部门就会因客户服务差而损失440亿美元。

当你身边的那些人——和你处在同一岗位上的同事们选择去寻找他们工作中积极的一面，它体现的幸福感就会取代我们每天都会产生的负面想法。这同样也适用于我们对顾客的回应。对你的公司来说，"不"是一个可行的答案吗？最近，分析服务公司KISSmetrics在其针对分析与营销领域所写的一篇博客中提到，仅在一年内，财政部门就会因客户服务差而损失440亿美元。在你的公司，有哪些“不”的回应是会给你带来成本的？只要没人受伤或遭到解雇，并且你会遵循自然规律和已知的物理规则，那么一切都应该秉承着一种“是”的心态。

布鲁斯曾经在华特迪士尼世界跟一个名叫弗雷德的表演者共事过，后者是布鲁斯见过的最为悲观和消极的人之一。弗雷德对任何事、任何人都会抱怨和发牢骚，而且自有其道理。所以大家总是会说：“对啊，这就是弗雷德！”有意思的是，每个人都接受弗雷德作为团队中的一员，却不接受他对一切事物的负面和批判性评价的方式。其他人都能够相处融洽，做事游刃有余，因为大多数演职人员都秉持着一种“是”的、积极乐观的心态，甚至体现在处理弗雷德的这种消极心态上。

迪士尼的演职人员通常会遭到控诉是因为他们对人生的展望和主张盲目乐观。这种情况不是说这些人每天都不会回到真实的世界中过自己的人生，也不是说他们没完没了地展现积极乐观。大多数迪士尼的演职人员会认清自己是有选择的：是积极地看待人生，选择好的一面，还是成为受害者，总是不停地抱怨，充满消极态度。迪士尼在以正确的方式寻找、雇用和培训正确的员工这方面做得卓有成效。

在《一分钟优质服务》（*One Minute Service*）这本书中，布鲁斯讨论了拥有积极态度与消极态度的区别。

定义态度的种类

• **消极态度**：持有这种态度的是盯着工作中所有消极的地方，倾向于消极地看待一切事物的人。他们不停地抱怨、批评顾客和同事，对别人说令对方感到沮丧的话，以及感觉自己是受害者，沉溺于问题中而不是专注于提出解决方案。

• **积极态度**：持有这种态度的是对自己的工作感到骄傲，为追求卓越而努力奋斗的人。他们一直在尽全力展现自我、鼓励他人，从工作和同事身上寻找好的一面并说出来，以及不断努力提升自我，尽全力为自家公司和与他们共事的人服务。

摒除消极想法

消极心态的问题在于你会一直想。当消极想法开始在你的潜意识里蔓延开来的时候，它们通常会变换形式，而且会体现在你的态度上，最终变成你的行为。想法是强大的，因为它们能够影响你的态度的各个方面。你不可能同时拥有两种想法。因此，只要你的消极意识占据有利位置，那么你就会据此行事，并且体现在你的想法和行为中。所以关键就在于，要用积极而多产的想法替代那些消极想法。

别人怎么看你真的不重要。你没法控制别人的想法，所以你不妨采取这个方法，即他们的想法确实和你无关。与其控制别人的想法，不如专注于控制那些你能施加直接影响的事情，其中首要的就是你自己的想法。很多年来，我们总是听到：我们担心的大多数事情从来没发生过。辛辛那提大学的研究者也发现，在我们担心的事情当中，其中85%都不会变成现实。所以我们为什么要耗费那么大的精力在这上面呢？

说“不”太容易了。任何人都会变得消极、爱批判或者悲观。所以这个挑战就是要创造一种文化：原则是保持“是”的心态，而不是“例外”。建设性想法会抵制“不”的心态，但会支持“是”的心态。

体验系数提问

每个员工是否真正付出努力避免说“不”，并且寻找说“是”的方式，从而积极地处理各种情况？

应对策略

具备说“是”的能力就会迎来幸福。“是”的心态会自由而积极地影响他人，也能够让他们感受到绝佳体验。

试试这个

◆ 每个月设定一天为“说‘是’日”。试着对每个问题、每个回应以及每个摆在你面前的机会都说“是”。

试试这个

◆ 记下你说“不”的次数，有必要的话把它们展示出来。有些时候这的确会给你的顾客带来一种警告作用，但通过统计关于“不”、“不能”和“不会”的回应的次数，你就会注意自己在互动时表现出的消极态度。

试试这个

◆ 每周要进行一次“闪光点练习”。这对同事来说是一个机会：他们要讲述自己参与过的绝佳体验故事，即他们让客人度过了难忘的一天；当“体验”出现问题时，他们成为英雄的那些时刻。

态度之五：幸福感

什么是真正实现幸福的秘密法宝？那就是坚定的乐观精神与个人责任感。

——埃米·利·莫克利，美国作家

能否成为乐观主义者并因此拥有真正的幸福感，这通常取决于你和自己对话的方式。乐观主义者相信，他们的行为会带来好事，他们在对自己的幸福负责，以及他们期望更多好事能在未来发生。当坏事降临时，乐观主义者从不责怪自己，他们会把坏事当作身外之事发生带来的结果。

不巧的是，消极心态会很自然地出现在我们大多数人身上。从经验上来看，我们发现变得消极要比变得积极容易得多。俗话说“同病相怜”，这是有理可循的：你有没有遇到过这样的人，无论他去哪里，似乎都有一块乌云笼罩在他头上，而且坏事也是一件接一件地发生？通常情况下，这都是有原因的：这些人就是在寻找和期待灾难的降临，而且常常有一种“我是倒霉蛋”的心态。真实的情况是：你寻找和期待的事情很可能成为现实。因此，如果你总是预期失败、在考试中考了低分或者失去大部分的时间，那么通常这些事情就会发生。

在 20 世纪 70 年代，美国西北大学针对幸福感进行了一项研究。其中，研究者发现了一条坏消息：在你的幸福感中，50%是由基因决定的。这就意味着你对这部分是无能为力的。但也有好消息：剩余 50%的幸福感来自你的日常行为以及你认识和帮助他人的方式。总而言之，快乐终究是你的选择。

然而，它的对立面也同样真实。那些似乎是人生赢家的人通常都会有一种非常积极的眼光。他们希望考试成绩优异，取得成功，获得晋升或拿到角色，一般来说，他们希望在自己从事的领域能够实现“赢家”的目标。我们问过参与我们研究项目的那几百人：“你们当中有多少人会认为自己在大多数时候是一个积极乐观的人？”只有大约30%的人举了手。然后我们又问那些举手的人：“你们在人生中一直是一个积极的人吗？还是你必须要努力才能做到这一点？”大多数人会说，他们必须努力争取和工作才能保持积极心态。《今日心理学》（*Psychology Today*）杂志主编哈拉·马拉诺曾报道过，一个普通人每天会产生2.5万~5万种想法。你不妨把它们都变成快乐的想法。成为一个积极快乐的人是自己能做的一个极为审慎的决定。

无法隐藏的幸福

我的母亲很喜欢给我讲关于一个年轻的迪士尼演职人员的故事。那是1981年的一天晚上，我的母亲林德尔和父亲加里·丘奇正带着6岁的我离开乐园，突然他们在魔法王国看到一个年轻人一边吹着口哨一边走向某一个后台入口。我母亲就问他为什么这么开心。他的回答很简单：“我喜欢在这儿工作。如果我可以在这儿待一整晚，我会愿意这么做的。坦白说，我从没想过离开。这很神奇，对吗？”这个年轻人的“态度”非常真实。这就是真正的幸福感，而且就如华特迪士尼世界一样神奇。

你真的无法隐藏幸福，也无法捏造幸福。幸福感就是人的一种状态，源于自身所具备的某种乐观和被欣赏的品质。迪士尼体验的这部分内容很少能够其他被企业复制，却是我们都该为之努力实现的东西。

打造“世界上最快乐的地方”

正如我们之前所说的，对迪士尼员工而言，创造一个“幸福终点站”或者“世界上最快乐的地方”并不容易。事实上，如果缺少了那个简单却又基本的成分，我们是不可能做到的。幸福感就是我们必须努力实现的一种意识形态。它并不会自然地发生在大多数人身上。幸福感也是“大使”创造的一种氛围。一旦你来到迪士尼，或者走进其中的一个场馆或设施，你就能观察和感受迪士尼乐园里面散发出来的气氛。对营造幸福气氛的承诺就是创造幸福体验的秘诀。这项艰巨的任务开始于我们的正确态度，配以培训和鼓励的支持，然后再结合对这种气氛的意识和重视。你可以，而且一定会做出快乐的选择！

体验系数提问

你的员工和他们的同事会专注于保持积极和感恩吗？他们在创造一个幸福感十足的环境吗？

应对策略

关于幸福感，有一个很棒的地方在于它真的是由你来决定的一种选择。这无关境况。

试试这个

◆ 每天上班后的前 30 分钟，脸上都要挂着真挚的微笑。你的意识是中立的，它不会区分现实与想象。所以保持30分钟的微笑并怀揣对工作和顾客的积极心态，这会改变你的心态、眼光和心情。

试试这个

◆ 当某些消极的情况发生或即将发生的时候，把问题剥离出来。从意识上对这件事情做个标记，然后让自己和身边的人做好准备，期待事情按照你设想的那样发生。看看会发生什么吧！

试试这个

◆ 思考那些“成功时刻”！留意那些已经完成的销售目标、已结清的账户以及新建立的关系。不过不要在它们身上停留太久，而是当我们需要审视失败的时候，我们必须拿出时间来庆祝那些胜利。

态度之六：乐观精神

乐观精神是我们通往成功的信念。缺少希望和自信，
我们将一事无成。

——海伦·凯勒，美国女作家、教育家

如果我们要含蓄地描述积极想法的力量，这几乎是不可能的。Optimism（乐观精神）一词源自拉丁词optimus，意为“最佳”。它代表着人们对于未来或某件事的成果的希冀与自信。正

如我们之前在“幸福感”这个次级原则中确认的那样，真正乐观的人总是会更愿意看到他们未来中好的一面，并且会期待好事发生。他们会习惯性地认为所有事情都会按照自己期望的方式发生；即便有些事情“事与愿违”，他们仍然相信所有事情都会汇集到一起，最终创造一个有利的结果。

尽管幸福感与乐观精神高度相关，但它们之间仍然存在着一个有趣的差异：幸福感是乐观精神的另一面，二者缺一不可。如果你真的想要创造一种充满幸福感的体验，那你必须首先具备乐观精神，即成为永远的乐观主义者。

永远的乐观主义者

华特·迪士尼是一个永远的乐观主义者，这一点广为人知。如果没有他的“态度”，他和他的伙伴们就无法建立这样一个地方，即能够从过去到现在一直成为绝佳体验的代名词。他曾说过这样的名言——“如果我们有勇气追求自己的所有梦想，那它们就能成真”、“搞定不可能的事很有趣”以及“如果你可以把它当作梦想，那你就能做到”。

尽管他同时也是个完美主义者，但华特·迪士尼富有感染力的乐观精神吸引着一大批人，后者都选择追随他的远见和梦想。有多少人能够直面一个令人畏惧的任务，而且还把它当成一个有趣的挑战呢？

乐观的员工业绩更好

身为一个乐观主义者的另一个好处在于，有研究显示，乐观的人大多时候不易得病，更容易活得长久。他们建立免疫系统的能力和抗压能力会减少患心脏病的概率。相反，那些消极悲观的人通常会认为“这个世界无法理解我”，而且只要有坏事发生在他们身上，他们就会自责。甚至当好事发生在他们身上的时候，他们也表现得冷漠，认为这很反常，不相信它们真的发生了。

根据大都会人寿保险公司的一项研究，在一次行为性科学测验中，那些在乐观精神方面得分更高的销售人员会在入职的第一年多卖出37%的人寿保险。

通常来说，乐观主义者在任何情况下都会寻求积极的一面。甚至是当灾难降临的时候，他们也更愿意把它当成一种“一次性”事件，然后由衷地转向“下一个”。根据大都会人寿保险公司的一项研究，在一次行为性科学测验中，那些在乐观精神方面得分更高的销售人员会在入职的第一年多卖出37%的人寿保险。所以毫无疑问的是，乐观精神和成功之间存在着直接的关系。

摒弃消极心理倾向

真正决定你是个悲观主义者还是乐观主义者的因素是你对事物的想法和做法。如果你认为自己所说或所做的事而一直停留在错误或失败上，那么你很可能就是一个悲观主义者。乐观精神会帮助你用不同的方式思考、感受和看待这个世界与你的人生。我们大多数人都不是天生的乐观主义者，所以我们要非常努力地成为这样的人。其中的关键就在于，不要停留在消极心态和悲观情绪上。

为了想得积极一些，你必须摒除消极的思维模式。根据梅奥诊所的说法，这些消极的心理倾向包含以下 4 种认知性思维模式：

1. 过滤：指的是在心理层面将自己真正受到鼓舞的方面过滤掉。
2. 个人化：指的是当一些坏事发生时自责的表现。
3. 小题大做：指的是在任何情况下都预期可能发生最糟糕的后果。
4. 极端化：意味着将失败定义成任何不完美事件的后果。

努力摒弃这些模式，无论是对自己还是企业。这样你就不只是看到体验层级的提高，你和你的同事也会开始看到一种质量更高的职场生活。

马粪实验

有这样一个故事，说的是一对双胞胎男孩拥有截然不同的性格：一个是完全的悲观主义者，另一个是永远的乐观主义者。有个心理学家希望能对这两个男孩做一个实验，看一看他们在面对一个非常消极的情况时的应对方式。

在他们生日那天，有人在一间屋子里放了一堆马粪。孩子们在进屋之前就被告知屋子里面有给他们两人准备的礼物。在孩子们进屋后，那个悲观的男孩立刻跑了出去，冲他的妈妈和所有人大喊：有人搞恶作剧。

可是没有人从那个乐观的男孩那里听到一点声响。过了一会儿，这位心理学家有点担心，他走进房间。在听到这个男孩在这堆马粪后面有了动静后，心理学家问道："你在干什么？"这个"乐天派"小孩回应道："有这么多马粪，这里面一定有一匹小马！"这就叫乐观精神！

体验系数提问

企业是否具有乐观精神，并且能够以此创造绝佳体验？

应对策略

乐观精神能够给人带来进步。针对现在和未来，设想一个更美好的期待。

试试这个

◆ 要有一种积极而强大的自我肯定，用以定义你的身份、你要实现的目标、你要如何走向未来以及为了获得成功你会付出的努力。每天重复这种肯定，那么它就会改变你的现在和未来。这对个人和组织都适用。

试试这个

◆ 就像自我对话一样，团队演讲也非常重要。在艰难时期，在你的团队、公司或部门中设立一种“集体演讲”的形式，它能帮助你阐述自己的想法。你从整体上谈论团队的方式对于你们所有人的感受和表现都会造成一种直接的影响。

试试这个

◆ 你不能操控别人的快乐或积极性，但是你可以通过打造一个积极的环境去影响他们。无论你什么时候听到有人发表了消极言论、批评或贬损他人，你都要鼓励这个人保持积极心态。同时，你也要允许别人及时制止和质疑你的消极想法。

态度之七：期望

一切的关键在于要对事物抱有很高的期望。

——萨姆·沃尔顿，沃尔玛创始人

过去20年中与数千名员工共事的经验告诉我们，提供持久的关联性服务，首先要具备三个基本要素，即顾客希望我们：

1. 探寻——了解他们的所想及所需。

2. 制定——设定一贯而可执行的期望。

3. 固定——定制个性化服务。

探寻

设定期望的前提是与他人建立双向的沟通方式。首先，对于他们的所想所需，你必须要有一个清楚的认识，然后才能切实帮助他们。如果我们是医院里的护工，针对切除胆囊的病人，我们要做的第一件事就是确定这个人期望从我们身上得到哪种护理和支持。我们要问病人在舒适度、探望者、安静程度、食物等方面有哪些担忧；同时，我们全程都要认真记录，这样我们才能掌握有关这位病人期望的全部信息。

制定

接下来，我们要告诉这位病人在住院期间能实现的期望，包括整个治疗和恢复过程的进展。如果一切事情都像这样进行，那么当病人出院的时候，他们一定会对我们非常满意。这同样也适用于其他生意。人们不想要惊喜，而是想知道未来会发生的事，然后他们希望看到整个过程中的一致性。

固定

最终，人们想要获得私人定制的服务。业务做成的第一要务就是企业要为顾客创造一系列符合他们期望的体验，让他们知道自己受欢迎且重要。没有他们，你的公司就不会存在。

我们创作这本书的首要关注点在于如何向每位顾客提供绝佳的服务。这就要通过了解并努力实现他们的期望，才能做到。

最近，布鲁斯注意到一种模式。事情发生在田纳西州靠近他家的一个很棒的超市里。我们一看就知道，超市的管理层要求员工跟每位经过通道的顾客打招呼。第一个和布鲁斯打招呼的员工说的是“您好吗！”，第二个说的是“您过得好吗？”，第三个也是“您过得好吗？”，第四个则是“您好！今天您过得好吗？”。布鲁斯非常赞赏超市经理鼓励每个员工向每位经过的顾客打招呼这一举动。但是，他们没有鼓励员工原创或定制各自打招呼的方式。很快，这句“您过得好吗？”就成了一句苍白无用的口头语。

管理层应该做得更深入，让每个员工在顾客经过的时候跟他们进行眼神交流，然后用自己的方式和他们打招呼，比如“早上好！”“我能帮你什么吗？”“你找到一切所需的东西了吗？”“你今天过得怎么样？”，等等。这么做的重点在于设定我们的期望，即“我们会对每一个人进行‘专属定制’的关注”。这就是每位顾客想要的，也是他们最终从你那里期待的东西。

连锁反应

我们来进行一项思想实验：假设我们当中有一个人是新顾客，他第一次来到你的公司，而你的几个员工在这一天过得很糟糕。然后就发生了下面一幕：我们在你的店里见到的前三个员工都表现得粗鲁、冷漠而无礼。即便我们发现后面五个员工都很棒，我们仍会设想其他人在某种程度上会表现得粗鲁、冷漠和无礼。

根据“美国运通全球客户服务晴雨表”的调查，英国消费者觉得满足他们服务期望的企业只占62%，而在美国，这一数字骤降到区区8%！如果我们第一次获得的体验是消极的，而且后来这些糟糕的体验还得到了叠加，那么这就相当于从此为预期树立了一个模板。现在看来，在全球市场上出现了很多对期望处置不当和经验不足的情况。因此，在顾客和企业打交道的时候，“印象”、“联系”与“态度”才显得如此重要。这种连锁反应似乎覆盖面很广，而这也是让你和你的企业变得与众不同的机会。所以自己要先期待成功，然后培训员工并让顾客做好准备，期待绝佳体验的出现。

根据“美国运通全球客户服务晴雨表”的调查，英国消费者觉得满足他们服务期望的企业只占62%，而在美国，这一数字骤降到区区8%！

体验系数提问

企业员工是否能为顾客创造和满足他们对积极体验的期望?

应对策略

人们总会依据别人为他们设定的期望而对自己所做的事全力以赴或逐渐放弃。

试试这个

◆ 设定一个目标。比如每天询问5位顾客,了解他们对你提供的服务或产品有什么期待。同时也向他们举例说明他们可以从你和公司那里期待些什么。

试试这个

◆ 认真听,勤提问。比如“请让我确定一下自己是否听懂了您的意思”、“请允许我重复一下您刚刚说的话”以及“您的意思是这样的吗?”。认真听对方的话对于了解、设定和实现他人的期望至关重要。

试试这个

◆ 每周针对你的期望进行一次心理问卷测试,借此检验你要提供的服务体验层级。然后把你的期望与顾客或客户群体的期望进行匹配,看看是否一致以及你要怎样做才能让二者的关联更加紧密。你和你的团队对体验的研究越多,体验的层级就会提升得越多。

态度之八：坚持不懈

志向是你通往成功的路径，而坚持不懈则是你搭乘的交通工具。

——比尔·布拉德利，前美国篮球运动员

体验提供者必须不断改进他们工作的各个方面。重点在于，当有裂痕出现的时候，不要望而却步，而是要去修缮、重新设计和改进。我们一定要认识到，这种体验是永远不会结束的。如果“绝佳体验”很容易被创造和复制，那么每个人都可以做到；而存在“不良体验”的美国企业的数量就会比现在少很多。它应该是很难实现的，所以它才会这样稀有而珍贵。你应该努力奋斗，争取能够享受那些可以准确掌握“绝佳体验”相关理念的极少数企业所带来的如阳光一般的温暖。

“恐惧”将阻碍你成为“绝佳”

恐惧是创新和卓越的死对头。它是很多人放弃成为“绝佳”的原因。而坚持不懈则意味着让“好”变成“伟大”，以及让“伟大”变得“更伟大”，但坚持不懈的来源主要是与改变和失败导致的伤痛做斗争，从而攀登上成功阶梯的能力和专注力。

我们把fear（恐惧）当作一个缩略语（F.E.A.R.），即“错误的（False）证据（Evidence）看上去（Appearing）真实（Real）”。大多数人把挑战看成一座高山，而我们只是在关注“爬山”的情况。创造一个难以置信的客户服务体验是一项非常艰难的长期挑战。无论你从 5 个体验层级中的哪一级开启你的旅程，这座“山”似乎都难以登顶。无论你是一个企业家还是一个员工，不要让自己对艰辛的工作、失败和抵制心理的恐惧阻止你一步步地“爬山”以及最终带领你的企业“登上绝佳之顶”。

最伟大的失败者

在他的一生中，他在各种各样的发明创造上一共有超过 25 万次的失败尝试，但他是众所周知的最为多产的发明家。他拥有 1 093 个不同项目的发明专利，其中包括白炽灯、自动收报机纸条、留声机和麦克风等。他就是托马斯·爱迪生。

有一个问题很有趣：“谁是历史上最伟大的失败者？”我们在这里给出一些提示：他失败了 14 000 次才发明了橡胶，他失败了 10 000 次才发明了白炽灯。虽然我不认识你，但我也不知道谁做实验能够失败 24 000 次——而这还只是他的两个实验而已。在他的一生中，他在各种各样的发明创造上一共有超过 25 万次的失败尝试，但他是众所周知的最为多产的发明家。他拥有 1 093 个不同项目的发明专利，其中包括白炽灯、自动收报机纸条、留声机和麦克风等。他就是托马斯·爱迪生。

曾经有一个记者问过他："爱迪生先生，在您发明创造的过程中，失败一万次的感受是怎样的呢？"爱迪生回答说："年轻人，既然你的人生才刚刚开始，那么我来告诉你一些会让你终身受益的东西。我从没在任何事情上失败一万次，我是找到了一万种方式，成功地证明它'不管用'！"他的秘诀就是"态度"，而他的关键就在于坚持不懈。这也应该是你成功的关键。

打造"坚持不懈的肌群"

坚持不懈就像是肌肉，需要受到时间的锤炼和拓展。它的定义就是：在原因消失之后依然存在着某种努力的延续。如果我们正在努力实现一个具体的目标，此处就是指实现绝佳体验，那么原因应该永远不会消失。然而在追求这一目标的时候，精力、情感以及那个"为什么"通常会逐渐从我们的意识中消失。这个决定性的时刻就是坚持不懈的闪耀时刻，我们会找出大脑中具有的"坚持不懈的肌群"，带领我们度过这段旅程的沉寂期。坚持不懈对于任何一个以任何方式追求卓越的人来说都至关重要。我们找出了能够打造"坚持不懈的肌群"的6个要素。

1.原因——知道为什么。如果我们的任务、意图、目标固定存在于我们的意识中，并且占主导地位，它们会逐渐充满我们的整个潜意识，直到指引我们采取具体行动来实现自己的目标。

2.激情——懂得渴望。我们的渴望的力量指的是我们有多么想要实现这个目标。通常这就是回答“为什么”的答案。而这个答案会在我们遭遇失败或因为失望而沮丧时给我们提个醒。

3. 知识——熟悉你的技能。我们可能有一个目标，但不具备实现这个目标所需的技能或知识。所以当我们获得这些知识、技能和经验的时候，我们就能看到实现这个目标的可能性。

4. 行动——主动开始。迈出第一步，我们才能逐渐达成目标。一旦我们停止拖延并开始行动，那么坚守目标和继续前进就会变得更加容易。

5. 支持——与他人合作。在我们周围的人当中，如果有人知道我们的目标，并且拥有和我们相似的目标，那么这就是对我们实现目标的一种巨大的支持。他们会激发我们的想象力，而当我们缺乏动力的时候，他们也会及时地鼓励我们。

6. 承诺——永不放弃。打造“坚持不懈的肌群”绝不是一个舒适的过程。当你为这段旅程培养下一层级所需的能力时，这一过程就会再次回到原点。做到坚持不懈的关键在于过程是循环往复的，所以对完成目标的承诺就会体现在你最初决定开启这段旅程的原因上。

追求世俗的边界

在 21 世纪前 10 年的早些时候，我开始为波士顿一家世界顶级的基金管理公司——普特南投资公司做事。当时发行部门的负责人是比利·康诺利。他有一句名言，在挑战销售部员工的时候，他会说他们是在“追求世俗的边界”。有些人可能会把“世俗”一词混淆地理解为“乏味无聊”，但这并不是它的准确意思。世俗的意思是“普世”或者“普遍”。这种挑战旨在把“缔造卓越”培养成为一种习惯。如此一来，销售部的员工就会不断重复他们那种无可挑剔的执行力，以至他们会习以为常，不再觉得这有什么特别。而卓越也就成了一条定律而不是例外。因此，普特南投资公司能够打造出全世界最棒的销售团队之一，在2000年的时候，其营业额几乎超过世界上任何一家互惠基金公司。

不妨试着问自己这个问题：你是在“追求世俗的边界”吗？或者，你是在让F.E.A.R、自满、抵制心理或挫败感阻止你创建能够不断追求绝佳体验的一种文化或一家企业吗？这就是迪士尼有别于世界上其他企业的地方。为了创造绝佳体验，迪士尼不止在雇用员工、前期准备、培训和执行等方面下功夫，他们还能够将其坚持下去。当我们在和迪士尼的核心创建者之一——迪克·努尼斯交谈的时候，他告诉我们，努力建造这个“世界上最快乐的地方”绝非易事，而坚持不懈是其中的关键。所以“迪士尼体验”才显得如此与众不同。

体验系数提问

在实现卓越这一点上，你有没有一种“永不放弃”的心态？你是否能不断地努力改进和重塑“体验”？

应对策略

一般来说，永不放弃、朝着目标努力的能力就是将成功与失败区别开来的因素。

试试这个

◆ 当你下一次感到恐惧的时候，你要直面它，把它写下来，这样你就能把你认为感到害怕的东西分离出来，然后用一种“复仇”的心态攻击它。要不断地分解和征服它，彻底解决这个问题。不要独自尝试，而是要与他人分享，因为他们可能也有相同的焦虑。

试试这个

◆ 每周五回顾你在这周所做的未成功或遭到误解的事情。然后分析出错的地方，制订一个行动计划，旨在“绝不在同一个地方犯错两次”。这些看似微不足道的总结对于你个人或企业的成长轨迹都是无价之宝。

试试这个

◆ 无论是一个团队还是个人，设立三个对你而言意义重大的具体目标。然后写下每个目标之所以重要的原因、你打算如何实现它们以及你不会让任何事物或者任何人阻碍你实现自己目标的原因。不要把这些目标放在抽屉里面，而是要把它们贴在你和别人都能看见的地方。

态度之九：所有权

拥有却不分享，毫无快乐可言。

——卢修斯·塞涅卡，古罗马政治家、哲学家

在你的公司里，每个人都“拥有”体验吗？他们可以选择放弃对可提供的服务或物品的所有权吗？你听过“这不是我的工作”或“这不是我做的”这样的话吗？我们都知道，为他人创造一种非凡体验是需要团队共同努力的。因此，问题的关键在于要弄明白如何让大家在态度上团结一致，并且让每个人都参与其中，一同实现目标。

我在之前写的《关系势头》这本书里面提到了一个关于知名探险家埃尔南·科尔特斯与消失的“黄金之城”的有趣故事。很多人都在历史课上学过，当时科尔特斯对财宝的热衷追求是超乎想象的。600 年来，无数征服者都试图找出这座“黄金之城”，但所有人都相继失败了。科尔特斯是一个富有的西班牙农场主。他研究了每个征服者失败的原因，并且认识到这座“黄金之城”一直是这些人“路过”的地方，它从来都不是他们出行的主要目的地。因此，他卖掉了自己的土地和农场，购买了 11 艘船，而且

把自己所有的钱财都装在了船上。然后，他又开始挑选船员。这一切就是为了征服这片新大陆。

当科尔特斯踏上这片新土地的时候，他的船员们就开始进行军事训练，为发动进攻做准备。这一过程长达数周。终于有一天，科尔特斯认为他的军队做好准备了。在他们要进攻这座城市之前，科尔特斯把他的部队召集到一块，下达最后的指令。此外他还说了三个字，简短却寓意非凡：烧掉船！科尔特斯知道，其他军队之所以失败，是因为他们总是留有一条撤退路线，以防失败，但对于科尔特斯来说，失败是不予考虑的。他说："我们要么得到黄金，要么死在这里，如果得到了黄金，那我们就开着他们的船回家！"所以他们作战英勇，最终赢得了胜利。

在你的企业里，有哪些"船"是需要"被烧掉"的呢？那就是阻止你或你的团队全力以赴的因素。成功会青睐那些具备"破釜沉舟"心态的人。如果我们完全投入其中，而且每个人都抱着所有权的态度和个人责任感，那么结果就会很有趣：通常我们都会赢得胜利。

> 根据InteliSpend调查公司的研究，实际上只有40%的员工会被告知自家企业的目标和策略。

目前来看，很多企业都存在着一个问题：员工很难感觉到他们对公司目标的一部分负责。根据InteliSpend调查公司的研究，实际上只有40%的员工会被告知自家企业的目标和策略。在一个我们可以将其比作“烧掉船只”的情况下，如果员工没有觉得自己是企业目标的负责人，那他们又怎么能持有正确的态度呢？

盆景树和红杉

在日本，有一种名叫盆景树的植物。它的形状别致，非常好看，但最多只能长到 10~12 英寸，可它的寿命非常长，甚至能活 50 年。而在加利福尼亚州，有很多参天大树，名字叫作红杉。它们是世界上最高的植株。事实上，那棵著名的“舍曼将军树”高达 272 英尺，树围也有 79 英尺长。这棵树非常巨大，以至如果我们把它伐倒，用它的木料能够建造 35 栋 5 室的房子。

曾经有段时间，这两种树的尺寸是一样的。那么究竟发生了什么导致了二者巨大的差异？当盆景树还是小幼苗的时候，它就从地上被连根拔起，所以它的主根和其他几根营养根就断了，这就抑制了它的生长。至于红杉，它们生长于肥沃的土地，而且周围都是红杉。红杉的根系只有大约 5 英尺深，那么它是从哪里汲取营养，进而长成参天大树的呢？红杉的主根没有深入地下生长，而是向外延伸了数百英尺，与其他红杉的根系缠绕在一起。它们互相补给营养，也确保自己能够稳定生长。

这个“盆景树与红杉”的故事告诉我们，有两条原则能够改变我们的人生。与盆景树不同的是，为了发挥全部的潜力，你需要走得更深，并且在这一过程中充分利用自己所有的天赋、智慧和经验。这就是所有权的本质。它是一个常见的目标，一种常见的文化，也是一种在实现目标过程中常见的对卓越的承诺。

就像红杉一样，你要将自己的天赋和技能糅合在一起，并且跟和你想法类似的人打交道，他们能让你变得坚强，并且帮你度过人生中的艰难时刻。我们在成功的道路上都需要他人的扶持。当听到“一个白手起家的百万富翁”这样的说法时，我们总会轻声一笑，除非印假钞，否则这不会发生。所有的成功人士身边都有人帮助他们激发内心的新想法，挑战和指导他们，还有人资助他们的项目，银行家和制造商会帮助他们建立自己的梦想，顾客会购买产品或服务，而销售人员会售卖产品或服务。

布鲁斯回想起华特·迪士尼最初的故事：华特第一次画画的时候，借用了他叔叔的车库作为工作室。叔叔还借给华特 500 美元，并且清楚地讲明，一旦华特赚够了钱，那他就要偿还这笔钱。

据记载，如果华特的叔叔决定把这 500 美元投资到华特新成立的公司，而不是要求华特偿还给他，那么这笔钱的价值到今天就会超过 10 亿美元。这个故事给了我们两点启示：第一，所有权尽管风险更多，但产生的收益比借款要高；第二，没有人能完全依靠自己做成事情，而是需要从别人那里获得投资或者帮助才能让“魔法”成真。机会是无处不在的，只要我们手握所有权，并且让自己完全投入所做的事情当中。此外，要充分利用自己的天赋、智慧和他人的指导来帮助自己成功。

体验系数提问

员工在对体验的所有权以及对所在团队、部门和公司的个人责任感上做得有多好?

应对策略

能够像拥有某些体验、机会或问题的负责人那样采取行动，就是将普通和卓越区分开来的关键所在。

试试这个

◆ 确保每个人都清楚公司当前的目标。一种带有所有权的态度从你对整个团队的目标和主动行为的熟悉与团结程度开始，这应该是从未有过的。如果你想拥有一种绝佳体验，那就确保每个人都知道其中的原因，并因此受到鼓励。

试试这个

◆ 问题出现的时候愿意主动道歉，而不是责怪他人或寻找借口。你的顾客并不在意你的借口，甚至是谁犯下的错，他们只在意最终的结果。所以，如果下次出现关于服务补救方面的问题，你应该立刻主动解决这个问题。这不仅会对团队有益，而且也是给身边的人树立了一个非常好的榜样。

试试这个

◆ 每周开一次团队会议，讨论在过去一周所取得的成功和犯的错误。要重复“极好体验”，消除“不良体验”。把这些当作指导方针，用于建立一个“绝佳”的顾客服务体验。

态度之十：启示

无论你是生动地想象什么，热切地渴望什么，诚心地相信什么，以及热心地从事什么……它们都一定会实现。

——保罗·J.麦尔

有什么会激发你的潜能？又有什么能够促使和激励你变得更好、不断提高、充分展现自己、让自己与众不同——简而言之，变得伟大？你的灵感来自哪里？对一些人来说，它指的是对学习的激情；对其他人来说，它指的是让自己成长和区别于他人的机会。对有些人来说，别人会认为这是他们的无心之举，却没有人认识到他们的努力；对有些人来说，它指的是会让人们开心，而且能实现他们的梦想的东西。

灵感与启示的关键可以从这句简单的格言中找到：“爱你所做的，或做你所爱的。”那些真正实现自我的人会选择这两种做法中的一种：他们会让自己完全投入工作当中，不管自己是否享受；或者他们找到了适合自己的工作，即他们从事的就是生来就要做的事情。

正如我们之前谈到的，你无法改变他人，所以任何进步或提高都必须从人的内心自发而生。然而，你可以激励他人做出改变。转变自我可以激励他人，并且可以让他们产生改善自身处境的期望。你的责任就是充当榜样、教练或催化剂，从而让别人渴望去追随。

这本书隐含的一个目标就是帮助你为你的顾客或客户创造一种更高级别的体验。正如我们之前探讨的，绝佳体验的黏合剂就是它背后的“态度”。最近的一份 2020 年顾客调查报告显示，到 2020 年，顾客体验将会接替价格和产品，成为品牌的重要区别因素。目前，创造并复制一种积极体验的需求比以往任何时候都要迫切。但是，不要单纯为了利益和晋升才去做，而是因为你的顾客值得更好的服务。

最近的一份 2020 年顾客调查报告显示，到 2020 年，顾客体验将会接替价格和产品，成为品牌的重要区别因素。

“态度”是你全部的选择

首要的是，你需要认识到，“态度”就是你全部的选择。只有你能控制自己的感受。当然，观点会起作用，这是本书的一个核心理念。但你自己的观点才是第一位的，而且也是最重要的。

你现在的认识以及你未来的成就完全都是你自己的。换句话说，这就是你的选择。

这本书的写作就是一个例子。在写作的过程中，经常出现边写边改的情况。针对500多家公司所做的研究和测试就是一个非常折磨人的工作，再加上在建立算法和“体验系数”上所付出的时间和精力，以及对我们两个意愿都非常强烈的作者在观念上达成共识的恐惧，使得这座“写作之山”几乎难以逾越。所以很多时候我们都想放弃，但是我们相信写这本书的动因和所要传达的讯息，而且我们也相信自己和对方，我们能够完成它。

对我们两个人中的任何一个来说，这本书都不是我们写的第一本书。然而，虽然这些年来我们一直都在写书，但取得的成绩非常有限。就我来说，在过去的10年里，我事实上已经写了或者已经开始写的书有6本，但只有两本书得以出版。生活就是一种斗争：你必须要为自己的梦想和目标奋斗。我们相信自己，也有理由相信我们要为他人提供想法和创造挑战。这种选择是我们自己做的，与最后的结果是成功还是失败无关；而你也有自己的选择，即你是否想去实现绝佳体验。

打败担忧、恐惧和消极心态

几乎没有什么因素会比担忧、恐惧和消极心态更快地扼杀成功。担忧对于改善你的处境绝对没有任何作用，所以担忧那些很可能不会发生的事情就是对你的时间和天赋的一种浪费。

处理恐惧的最佳方法不是逃避，而是要主动“进攻”。最近，布鲁斯见证了一场有关“恐蛇症”的心理测试。一开始的时候，4个女性测试者很害怕蛇，所以见到蛇的时候就身体僵硬；等到测试结束的时候，这4位女性都可以把蛇拎起来，而且能够拿在手上。由此证明，克服恐惧的关键在于直接面对，无论它是什么。而当你这么做的时候，你就会逐渐开始战胜这个恐惧。在美国，人们的第一大恐惧并不是破产、死亡或离婚，而是公开演讲。你怎样克服对公开演讲的恐惧呢？那就是利用任何可以利用的机会进行演讲。这么做能帮助你看清，你害怕的事情真的不是那么糟糕。如此一来，你就会逐渐克服正在拖你后腿的东西。

消极心态也是如此。正如我们之前提到的，我们变消极的容易程度是变积极的好几倍。这就意味着对我们大多数人来说，变得消极是一件非常自然的事情。著名作家和励志演讲家金克拉就发现，消极是个坏习惯，而改变一个习惯的唯一方式就是用一个新的习惯来替代它，并且每当你想重蹈覆辙的时候，就不断在思想上“插入”这个新习惯。所以改变消极习惯的唯一方式就是转变自己的想法，也就是用积极的想法、结果和解决方式替代那些负面消极的想法。

与一般体验做斗争

迪士尼体验的众多伟大的方面中的一个，就是迪士尼乐园的访客能够释放自己的想象力，变成任何他们想要成为的人。很多企业高管都设定了一个新的愿景，让他们的公司、员工甚至他们的产品都重焕生机。无论这个愿景是一场关于启示的“烟火秀”，还是一种他们经营乐园不同区域的方式，很多领导者都会来迪士尼世界寻找灵感和乐趣。所以你在去了“魔法王国”之后，一定会被一种新的想法所启发。

顾客想要刺激、新鲜，带有创新性和趣味性的服务体验，只有想象力能帮助你实现这些。无论你是作为企业的所有者、总裁、经理、销售人员、运务员、送货司机还是看管人员，你都相当于是自己的“股份公司”。如果你总是满足于一般体验，那你永远不会实现那些你原本有潜力实现的体验层级和回报。创造绝佳体验是需要勇气和启示的，你必须拥有正确的态度，并且与潜在的一般性倾向做斗争。有一笔财富存在于“一般体验”的另一面，可惜只有40%的美国公司知道那笔财富是什么。也许之前你已经见过一些端倪。这笔财富就是能让你扬帆远航的风、难以置信的增长率、盈利的季度报表、兴奋的董事会成员，以及最为重要的——快乐的员工和顾客！

体验系数提问

企业领导者会练习他们的讲话内容吗？员工会在自身能力展示中表露自信，并且愿意创造一种极好的体验吗？

应对策略

永远不要让自己产生“逊于卓越”的念头。这就是区别你和他人的地方。

试试这个

◆ 在便笺上写3~5个字的一句话或励志格言来强化卓越意识，然后把它们贴在显眼的地方，比如电脑屏幕、门背后、家里的卫生间、日历本等。

试试这个

◆ 勤奋工作，消除坏习惯（主要是消极心态）。你必须开始掌握辨识能力，尤其是当你朝着消极心态的方向前进的时候。培养大脑的肌肉记忆，留意、分离，然后改正你的消极行为。

试试这个

◆ 用一种“T型”表格在纸上定义一般体验的样子，然后将它和你认为的关于绝佳体验的样子做对比。接下来，弄清这两种体验中主要的不同之处，然后制订一个具体的行动计划，说明你要如何将这两种体验中最为对立的属性整合到一起。

第七章　第四大原则：回应

激励与回应之间存在着空间。空间里面是我们选择回应的力量。我们的回应则体现的是自身的成长与自由。

——维克托·E. 弗兰克尔，美国心理学家

回应是我们追求顾客服务和绝佳体验的标志的要害所在。如果员工回应的时间、语气和能力与一种卓越体验的其他任何方面都不匹配，那么一切都是徒劳。我们要付出巨大的努力才能与顾客建立关系，但只需一个消极的回应就能毁了它。

我们在之前几章已经为实现卓越体验做了铺垫，而回应你的顾客的需求就意味在你做的事情上都能体现卓越。你非常清楚顾客可以选择购物的地方以及他们与谁做生意。在过去的 15 年里，顾客通常只会选择光顾那些大的实体店。如今，互联网的力量以及在线购物机会的增加（价格通常较低）促使我们提供的“亲身服务”有必要比互联网提供的服务更加有效。

Lands’End服装公司和Zappos网站是受消费者欢迎的企业中的杰出代表。如果顾客能够以等同于（或低于）实体店的价格买到称心的衣服和鞋子，此时只有绝佳体验能够保护你与顾客之间的关系。

现在我们来重温一下本书第三章介绍的关于“体验的五个层级”中的前两级。你可能回想起来，最差的体验层级是“不良体验”——在这一层级下，公司里的所有人都满足于提供冷淡甚至带有攻击性的服务。他们并未认识到，如果公司没生意可做，他们就会丢失工作。渐渐地，顾客会对那些冷漠、散漫、粗鲁和冷酷无情的员工感到厌烦，因为他们只对薪水感兴趣。

优于这一级的就是那些提供“一般体验”的公司。它们要好于那些提供“不良体验”的公司，但也没有好太多，而且这两个层级都是不被接受的。无论是我们的内部研究还是大量的可用证据都表明，如果现有的顾客得不到一种良好或绝佳的体验，那公司就无法获得新顾客的青睐。至少，“良好体验”这一级应该是每个阅读这本书的员工、经理和管理者的目标。

“一般体验”的真正问题在于，大多数人不想努力达成别人对他们的期望，而且很多人都满足于活在这些期望之下。所以这些满足于提供“一般体验”的人和公司就非常有可能在不自知的情况下提供“不良体验”。就我们的模型来看，“不良体验”与“一般体验”都无法创造潜在的“体验大使”。事实上，它们通常会导致与此截然相反的后果：顾客在体验到不满意的服务后会跟别人分享他们的消极看法。

“回应服务”致力于帮助每个员工和每家公司在每次与顾客接触的时候都能提供卓越的服务。归根结底，服务是关于帮助、满足需求以及关爱他人。那么问题就是：你能对顾客的需求提供多好的回应？

回应与反应

你可能会想到，回应意味着你要清楚如何最好地满足顾客的需求。与此相反的是，反应只是“采取行动”而已。让自己参与其中，甚至直接面对一场争论的确很棒，但回应不只是采取“任意”的行动，而是要求人们采取“正确”的行动。

反应源自冲动。哪怕是训练有素、严格自律的员工，通常都无法控制自己的反应。想想这在医学界会是怎样的说法：如果病人恢复得更好或者情况得到改善，那就意味着他们在对治疗做出回应；如果他们遇到了麻烦或者情况变得更糟，那就意味着他们在反应。

我们会在事件和反应之间找到一种回应——在竞技运动这方面，我们也会这么认为。我们听过太多次这样的说法：“对他来说，这比赛节奏太慢了。”这是什么意思？它指的是这名运动员对于发生在他周围的事情能够比他的竞争者们更快地做出回应。这样一来，比赛对他来说就变得更加容易；而且即便存在竞争，似乎也形同虚设。所以当别人在耗费更多体力的时候，这名运动员则是在高效地前进。

为了实现绝佳体验，我们必须把我们的“比赛”慢下来。回应包含了想法，但不只是直觉。这种回应是专业的，也是世界一流的——它就是绝佳体验的核心内容。

当下的英雄

这本书的目的是引入一种叫作“转念”的理念，意在改变你的思维方式。这一切开始于你的想法在过程中发生的改变，然后过渡到你的言辞以及日常的实践等。当你这么做的时候，你自动就会训练自己用一种新的方式思考。你必须改变原有的思维和词库，然后才可以改变自己的“回应”方式。迪士尼的演职人员正是这样：他们拥有一份具体而专用的词汇表，因为它是带有意图的。他们就是在鼓励并且训练一种思考的方式。

> 我们的内部研究显示，顾客所处的大多数危机意味着你只有大概60秒的时间化解这个难题，并且把它转变成一种积极的互动。

回应应该是一种思维框架。我们喜欢称之为“当下的英雄”。当然，如果你感觉自己是英雄，或者正在跟一个有趣而友好的顾客互动，那么当英雄就会很容易；反之，如果顾客处在危机之中，没有表现出理性或愉悦，那么当英雄就不太容易。我们的内部研究显示，顾客所处的大多数危机意味着你只有大概60秒的时间化解这个难题，并且把它转变成一种积极的互动。这并不意味着这个问题或危机要在60秒内解决，而是要提供一个简单的机会让你开始一段合适的互动，并且赢回顾客或客户对你的青睐。你的回应就设定了这个基调，而它也成了你在这种体验中拥有的最伟大的资本——因为这是你能完全掌控的极少的事情之一。

有意愿的领导者＋参与的员工＝一种绝佳体验

要理解此处提出的挑战，我们可以回到这本书的基本理念。通过改变你的思维方式，致力于创造绝佳体验，再用你的词库和行动加以跟进。成为“当下的英雄”，并观察发生在你与顾客之间的奇妙反应。

回应：受迪士尼公司启发所得的十大非协商原则

回应之一：细节

让你心思缜密、加倍努力的力量。

回应之二：参与

最初的回应会为最终的结果定下基调。问题和抱怨是你与客户产生联系的机会。

回应之三：紧迫感

顾客的要求要铭记于心，而且要优先予以解决，直到他们不仅获得了满足，而且在意识上也受到这个积极结果的影响。

回应之四：认知

听见并听懂，就会产生认知。能否正确解读顾客所问、所想或所求是至关重要的。

回应之五：同理心

对顾客感兴趣，而且能够承担他们的负担。

回应之六：过程

拥有适用于当下的系统、规范并做好准备。

回应之七：适应

能够适应并遵从任何一类人、地方或提供机会的环境。能够完全“脱稿”，即兴表现。

回应之八：认可

让顾客了解你明白他们的需求与渴望，以及这些需求都是必要和重要的。

回应之九：预知

在机会和问题出现之前就做好准备，拥有预见的能力。

回应之十：补救

勇于承担责任，永不惧怕道歉。虽说这是陈词滥调，但依然要谨记：顾客永远是对的！这样一来，你就有可能将顾客面临的问题转变成最棒的体验。

回应之一：细节

为了创造绝佳之品，你必须不断把注意力放在最小的细节上。

——汉斯·塞利，加拿大心理学家

要让员工遵守的最有效却也最难的准则之一就是保持对细节的专注。正是这种看似多余的举动才是决定我们最后实现卓越的因素。迪士尼就是如此，它们在专注细节方面闻名于世。这是迪士尼有别于其他企业的关键要素之一，完全取决于员工的个人自豪感。他们愿意付出成倍的努力，这使他们与众不同。细节会体现在很多小的方面，但常常是这些最小的细节才帮助我们创造一种绝佳的服务体验。

下面我们就来介绍几个关于带有预见性的细节的事例。很多公司会认为这很多余，而且毫无关联，但对那些为创造卓越体验而努力奋斗的公司来说，这是必需的。

天使

艾波卡特主题乐园的意大利馆里面有一个钟楼的复制品，它的原型非常有名，是位于意大利威尼斯市的圣马可钟楼。尽管这个复制品仅有 83 英尺高，只是原型的 1/4，但它依然很了不起。在这座钟楼的顶端矗立着一座完整的天使塑像，全身涂满了 24K 的金色油漆。她身上的细节极为精妙，甚至有指甲盖儿。很多客人可能注意不到这样的细微之处，但对设计者、建造者以及整个艾波卡特乐园的员工来说，这是非常值得骄傲的一点。

撞灯

1988 年，动画电影《谁陷害了兔子罗杰》（*Who Framed Roger Rabbit?*）上映。这对迪士尼系列电影而言又是一项新的突破。这部电影在制作上要比《欢乐满人间》（*Mary Poppins*）和《寻龙传说》（*Pete's Dragon*）两部电影更加精良。此外，由于 20 世纪 80 年代末电脑技术还没有那么发达，电影中的任何场景设置都没有用到电脑。电影里有一个桥段：埃迪带着兔子罗杰来到一间屋子，想要解开他的手铐。可在匆忙之中，罗杰撞到了天花板上悬挂着的一盏灯。在早期的演绎效果中，人影并不会像一个摇摆的灯一样来回移动。于是动画设计师们就研究怎样把一盏灯的摇摆动作投掷到影子上，并且决定重做画框，将人影真实移动的情景融入电影当中。这种对细节的格外关注就被称为"撞灯"。如今，这一原则在迪士尼的电影、游乐景点以及演出中得到了广泛使用，目的就是使这些表演尽量细节化和真实化。

米老鼠电杆

如果你沿着4号州际公路一直向西开，走出佛罗里达州的“欢庆城”，来到基西米市，你就会看到世界上（至少是在迪士尼世界）最不同寻常的多用电杆。这根80英尺高的高压多用电杆是一个巨大的米老鼠的头。这怎么会不引起你的注意呢！它并不低调，体现出某种对细节的专注。大多数公司甚至都不会想到这一点，自然也就不会在这样的事情上花费巨额资金。这就是伟大企业与一般企业的差别：有些人只看见了一根电杆，但其他人看到的是一个拓展体验的机会。

一般来说，如果一家公司在至少4个方面获得显著提高的话，那么它的服务体验将有极大改进。通常是对细节的专注、细微的调整以及“更多的心思”（Plussing，迪士尼公司内部用语），这三点会帮助你的公司、产品和员工从竞争中脱颖而出。在拖拉机供应公司，这指的是对消费者获得期望产品的承诺以及对每个问题都给予答复的保证；在四季酒店，这指的是记录客人言行，确保以后客人入住获得更好的体验；在田纳西州纳什维尔市的伯特利世界外联教会，这指的是练习把客人带去他们的座位上，如同参加婚礼一样。这里的回应意味着要留意和接受机会降临的时刻，然后充分利用这一机会，加倍努力地做好。尽管有些人的自然反应是推卸责任或者干脆忽视它，但恰当的回应是要抓住机会，随机应变。

寻找小叮当

> 我们从美国生物技术信息中心那里得知，普通人的专注时长只有8秒钟。

有人可能会问：为什么要对体验中的微小细节付出如此大的努力，尤其是在人们不是总能有把握的情况下？因为这是我们的信仰，也是迪士尼优秀员工的信仰：在一个人们一直匆匆忙忙、没有时间全面享受体验的世界里，你必须要想办法令他们吃惊。我们从美国生物技术信息中心那里得知，普通人的专注时长只有8秒钟。如果你给他人制造和留下印象的时间只有8秒钟，那你最好做些什么，让你某种程度上跟顾客产生意识上的连接，因为“出奇”才能“制胜”。

最近，我们去了奥兰多那家迪士尼世界。向导给我们展示了几处微小的细节，它们也是迪士尼魔力的一部分。在我们坐完“巨雷山过山车”之后，这名向导指向了一幅小小的银色的剪画，它就在这个过山车轨道外部的一块人造岩石上——她就是“小叮当”！她在那里，清晰如昼。在阳光的照射下，它完全以华特·迪士尼的人影呈现，简直奇妙之极！我们对这件作品在细节上的呈现都赞叹不已，以至刚刚和父母一同路过的两个7岁小女孩也停下脚步。我们向他们指出那幅画的轮廓，单是他们的反应就已经说明，他们不虚此行。这太神奇了。如你所见，坐过山车很有趣，但寻找小叮当的故事则是我们会一直谈论的事情。细节创造了故事，而故事带来了“大使”。

实现卓越的基础

应该没人会期待你变得完美，因为我们都做不到。但是别人会期待你尽力做到最好。通常来说，这需要我们慢慢来，这样的话，我们无论做什么，在一开始的时候就能做对。我们会首先反复检查自己的工作，然后再给顾客或老板看。我们会确保自己准确而公正地做事，并且开诚布公地接纳反馈。我们依然会虚心学习，而且也愿意接受改进建议。

那些关于对细节的专注的机会——无论有多微小——都能让我们在竞争中脱颖而出。大多数人和企业似乎都容易满足现状。很多人在获得满足时会说“这就够好了”或者“这很不错”，我们多久能听到一次这样的话？那些创造历史的企业永远不会接受“足够好”这种话，而是通常会执着于对细节的追求。

体验系数提问

你会不会对体验中发现的细节产生某种关注？你是否真正对满足顾客的各种需求感兴趣？

应对策略

你对细节的关注是让你提供的一般体验转变为绝佳体验的基本要素之一。

试试这个

◆ 问问自己或团队，“哪些我们做过或说过的事情是可能连我们自己都没注意到，却会让我们的服务从竞争当中脱颖而出”。每个月都想出一个新的答案，不久之后你就会发现，对大众来说，这些隐蔽的细节就不再那么隐蔽了。

试试这个

◆ 每月要有一次承诺，即针对体验涉及的全部策略，你要改进其中的一点。学会更好地安抚愤怒的顾客；研究行为科学，使自己更好地和外人及其需求产生联系；或者成为你的服务模型中的某个具体产品或部分方面的专家。

试试这个

◆ 列出在涉及顾客时你要承担的每项责任。在每个种类下面，写下在这方面为顾客创造绝佳体验所需的具体行动，然后再加以实施。这是让你做的一切事情产生绝佳体验的一个通用方案。如果没有意图，那改善就不会发生。

回应之二：参与

员工的参与是让人们真正与角色、表现、关系、顾客和幸福产生联系，从而把工作转变为成果的一门艺术。

——戴维·辛格，美国演讲家、咨询师

员工的参与意味着他们确实有兴致解决问题和提供能够带来关联性结果的服务。大多数员工的表现都是冷淡或不感兴趣。大多数顾客早就擅长观察员工，也知道谁是专注的，而谁又外出吃午饭去了。那些感觉自己的工作与自身能力不相配的员工都会敷衍了事，甚至在换班之前就早早打卡下班。

不良体验来源于细节

聊到这一话题的时候，我通常都会分享一个自己经历过的故事。这一体验是我入住某家全国性连锁酒店时获得的（名字不便透露）。当时我被酒店的接驳公交放在了路边，然后又走了半英里的路程，一边走一边汗流浃背、心神不宁。当我终于来到了酒店时，我注意到有几个酒店服务生对我窃笑。我自然对他们这种态度很不满意，所以我走进大堂，向他们的酒店经理抱怨。这个经理让我在前台等她，几分钟过后，我用眼角的余光瞥到她正从酒店后面走出来，肩上背着钱包。我很自然地跟上了她，并问她要去哪里。她的回答是这样的："我的轮班结束了。下一个经理很快就来了。"我一年至少出差 150 天，所以早就成为这家连锁酒店的精英会员了（现在已经不是了）。这就是一个关于不良体验的绝佳事例，而我当然也不会再选择入住这家公司旗下的任何一家酒店了。

对顾客有兴趣是建立联系的基础

任何员工都能具备的最重要的两项品质就是活力与热情。当布鲁斯还在华特迪士尼世界的时候，他要负责几百名演职人员的培训工作。他的重要角色之一就是指导他们如何在比如"丛林探险""总统厅""地球太空船""田园乘船游"等不同的景点项目中展现自己滔滔不绝的演说技能。也许是因为紧张，许多演职人员在戴上麦克风之后就变得非常僵硬和保守。因此，通常他们的表演就会很无聊，这与迪士尼对他们的培训和期望截然相反。

你会信任那些给人感觉无精打采而且冷漠无趣的人吗？当然不会。说话时洋溢着活力与热情，这说明你是个自信的人，而自信就可以被解读成信任。所以这些品质也能让你与他人更有效地互动。

真正表现出对顾客感兴趣，这会成为我们与顾客产生联系的节点和基础。可问题是，大多数员工并没有参与到工作当中，自然也就无法处理好与顾客的关系。我们通过研究发现，每个员工都属于以下三类中的一类：一流参与者、不参与者或情绪过激者。

三类参与者

- 一流参与者指的是那些更加热爱本职工作、在意顾客感受并且信任他们所在公司及所做工作的员工。
- 不参与者基本上只是在“走过场”。他们已经失去了对工作的激情与目标。对他们而言，这只是一份工作。
- 情绪过激者会在工作中表现得更加沮丧和愤怒。不像他们那些“不参与”的同事，情绪过激的员工会蓄意破坏，而且暗中捣乱，阻挠同事乃至整个公司获得成功。

根据盖洛普公司（《盖洛普管理学刊》，2005 年 12 月 8 日出版）的研究，只有 27% 的员工是“有参与感”的——我们称之为“一流参与者”；59% 的员工“毫无参与感”；更恐怖的是，有 14% 的员工“极度缺乏参与感”，也就是我们所说的“情绪过激”。这就意味着在任何一家企业中，有 73% 的员工对他们的工作没有完全参与进来或者感兴趣。

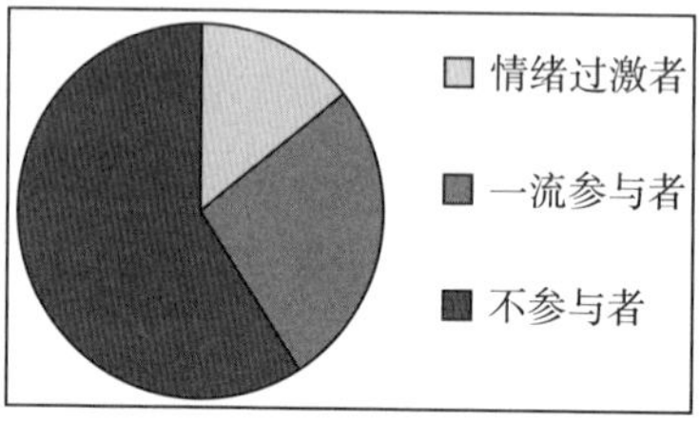

资料来源:《盖洛普管理学刊》(*Gallup Management Journal*),2005 年 12 月 8 日出版。

但好消息是,有 27% 的员工是积极参与的,这就意味着他们有很大机会让自己从大多数同事当中脱颖而出。让情绪过激的员工参与进来并不是一个领导者的职责;恰恰相反的是,领导者应该积极帮助他们寻找另一种工作。领导者的任务就是让参与成为企业文化的一部分,并且和那些尚未参与进来的员工进行沟通。有参与感的员工本身就会对别人的需求和幸福感更感兴趣。这种理想主义就是回应的思维方式;而且当那些在最大限度上迎合你的处境的机会出现时,它会直接反映出你的努力程度。

体验系数提问

你有没有把注意力放在如何正确而积极地回应一个顾客的评论、需求或者抱怨上?

应对策略

对需求的回应要好过反应。回应带有积极的意思,而反应则是不讲求策略，而且几乎不会善始善终。

试试这个

◆ 创立一个回应规范清单。就所引起的问题搜集数据，并做好应对这些问题的准备。

试试这个

◆ 自己要清楚（不要公开）员工里面哪些是“一流参与者”，哪些是“不参与者”，还有哪些是“情绪过激者”或者会带来“不良”体验的人。对“一流参与者”要给予支持和鼓励；对“不参与者”要进行指导和施加影响；对“情绪过激者”要请他们另谋出路。

试试这个

◆ 第一次跟顾客见面的时候，要探究、询问问题，找寻他们未被满足的需求，然后尽全力满足它。创建一张清单，写上能够揭示顾客真正需求的其他问题。寻找藏在问题背后的问题。

回应之三：紧迫感

没有紧迫感，欲望无价值。

——吉姆·罗恩，美国商业哲学家

没有人喜欢等待，尤其是顾客。无论是对是错，我们的社会对实用和欢愉的认识是与对效率和时间的认识紧密相关的。大多数消费者是在时间紧迫的情况下做出决断的，即便他们是在做一些有趣的事情，比如休假。当他们对时间产生一种紧迫感时，他们不想看到为其服务的员工只是在上班，领工资的方式是按小时而不是按他们帮助的顾客数量。所以在你提供的服务上必须体现出一种紧迫感。如果客人感觉到你并不在意，那么相应的体验就会受到威胁。如果你带着一种紧迫感照顾客人，那你就相当于把他们放在了优先的位置，也说明你觉得他们重要，而且重视他们的时间。

紧迫感是回应的一种形式。它指的并不是恐慌、冲动或者其他表面上的东西，而是要有意、故意和敏感地对待问题或请求。无论你是领工资还是拿时薪，这种意识框架都体现在对顾客的恰当回应上。如果你或你的员工刚好拿的是时薪，而你又有正确的意识和一种恰当的紧迫感，那你就会意识到，事实上你不是按小时拿薪水的，你是按自己在那一小时里创造的价值拿薪水。拿 20 美元时薪的两个人做着基本相同的工作，这是完全有可能的，但其中只有一个人会提供拿 50 美元时薪的员工所创造的价值和效率。简而言之，人要找到如何在工作中变得更有价值的方法，以及懂得当你重视顾客的时候自己也变得更有价值的道理。这么做的结果就是，除了给顾客带去一种更好的服务体验，员工本人同时也很可能获得加薪或升职的待遇。

顾客就是上帝

紧迫感会让顾客感觉他们就是你的“上帝”。如果你在自己所做的事情上没有紧迫感，那你就是在暗示顾客的时间——本质上指的是他们自己——并没有那么重要。正如俗语所云，“时间就是金钱”。尽管你能一直得到更多的钱，但你永远无法得到更多的时间。根据哈里森互动公司的调查，75%的顾客认为找到一个现成的代理人是极其耗时的。这通常是一个过程性问题，但它依然说明顾客是不重要的。我们的目标就是要让每位顾客愉快地选择我们，企业所有者、经理或员工却很容易就忘记这一点。我们在生活中要处理很多事情，而且在工作中还要多次表现出积极主动的一面，以至我们很容易忘记企业的首要服务对象和隐含的目标。

> 根据哈里森互动公司的调查，75%的顾客认为找到一个现成的代理人是极其耗时的。

为了让顾客觉得他们是我们的“上帝”，实际上我们必须真正让他们成为我们的“上帝”。关键就在于首先要倾听，然后尽可能快地回应他们的需求。试想一下这样的数据：有72%的领导者就算在24小时内接收到电话或邮件，他们也不会准时回复。我们喜欢大多数答录机

> 试想一下这样的数据：有72%的领导者就算在24小时内接收到电话或邮件，他们也不会准时回复。

里回复的话："您的来电对我们非常重要。请留下您的姓名和电话号码，之后我会立刻给您回电。"可如果对方从未回电，这又该是多么严重呢？

我们在每家公司甚至每个行业都遭遇过冷漠的回应。所以我们一定要留心，确保某种糟糕回应（哪怕鲜有发生）不会转变成顾客面对的普遍性冷漠。就像守护自己的利益一样，你也应该守护你服务客户时所需的紧迫感。

正如我们在本书开篇的部分提到的那样，顾客会期待两个基本方面：受到欢迎，感到自己重要。如果你和你的公司并没有在这两方面做得很好，那你就会遇到一个棘手的大问题。让顾客成为你的"上帝"，快速回应，表现出你的紧迫感，以及真正在意顾客的需求。顾客的每一个要求都应该谨记于心，直到顾客不仅获得了满足，而且在意识上也受到这个积极结果的影响。否则，你创造的体验与你的收益就会遭遇危机。

体验系数提问

在帮助顾客或为顾客解决问题的时候，你有没有一种紧迫感？

应对策略

对顾客来说，拥有一种紧迫感意味着你重视他们以及他们的时间——这些都是无价的。

试试这个

◆ 高效的服务需要对自身有所认识。深入了解顾客要紧急处理的事情，然后“急对方之所急”。多多实践这一部分，你就会看到顾客对你的满意度不断飙升。

试试这个

◆ 做到独一无二！如果你做的是某种服务性的工作，就要立即回复所有的来电；如果你在给客户处理问题，那就在 1 小时内回复完所有来电；如果你在旅行，那就在 12 个小时内完成。这样一来，你会让电话另一头的顾客或客户感到吃惊。同时这也证明你在乎他们，以及你是一个诚实可信的人。

试试这个

◆ 在每周或每月的例会上练习听同事讲话。专注于成为一名出色的倾听者：不只听别人说的内容，而且要听懂其中隐含的想法或期望。要积极活跃地听，然后总结和复述信息，确保自己听懂了他们的意图。紧迫感并不只是带有意图，然后迅速行动，而是在行动之前先找准正确的方向。

回应之四：认知

当观点被拿来替代认知和理解的时候，它就成为一种危险的奢侈品。

——马歇尔·麦克卢汉，20 世纪原创媒介理论家、思想家

关怀顾客这门艺术指的是有效倾听和真正听懂顾客的需求。我们称之为“听见顾客内心的声音”。迪士尼运用了各种各样的资源，希望能听懂客人表达的内容——从出口处问卷调查到邮件回访，再到市场调查等。你对顾客的需求和期待了解得越多，你就会越好地满足他们。在神奇王国，“市政厅”就是用来让顾客发出怨言和提出意见的交流中心。当然，获得认知的第一步就是切实地想、积极地找并且重视他们的反馈意见。当然，最终还要采取相应的行动。

你会发现，在 26 个焦虑不安的顾客当中，只有 1 个会亲口告诉你发生了什么。但请放心，他们所有人都会告诉自己的朋友和家人。因此，如果有人花时间写了一封抱怨信或者一份背书记录，这就代表有 26 个人具有相似的观点。

你还记得我们在本书的开头分享的那篇“X”汽车旅馆的故事吗？企业经常忘记，在如今这个时代，我们会依赖即时通信工具、邮件和社交媒体作为绝大多数时候的沟通方式。你会发现，在 26 个焦虑不安的

顾客当中，只有 1 个会亲口告诉你发生了什么。但请放心，他们所有人都会告诉自己的朋友和家人。因此，如果有人花时间写了一封抱怨信或者一份背书记录，这就代表有 26 个人具有相似的观点。布鲁斯就是如此：他把自己经历的“X”汽车旅馆的故事分享给了 16 万人，然后这些人又将这个故事分享给他们的朋友。当听到这样的话——“你是那个唯一会抱怨的人”时，我们总是会轻声地笑笑。可这是不对的：我应该是那个唯一让你知道自己出问题的人。其他人会告诉他们的朋友，可他们不会告诉你。

知识还是理解

认知就是力量。说得更恰当一些：认知产生知识，知识就是力量。所以运用自身掌握的知识就是必需的。只是了解某人的某些事情是不够的。针对客户的需求，有几种方法能够获得更深入的认知，比如读懂顾客的肢体语言、表情和声调。如果你真的在意，对方会告诉你在回应的那一刻他们的思想状态。市场上最优秀的顾客服务“大使”知道如何“想顾客之所想”。人们的前额上都挂着很小的广告牌，它们会告诉你这些人的感受以及他们出了什么问题，或者发生了什么好事。如果顾客感到困惑、不安、迷失甚至是兴奋，我们就应该做好准备，做出相应的回应。一种对顾客关怀的强烈意识，加上为获得更多认知而进行的额外提问所体现的投入和兴趣，就是实现绝佳体验的真正秘密之一。

体验系数提问

员工在多大程度上了解他们提供的服务体验的质量？他们会一直利用反馈意见加以改进吗？

应对策略

虽然我们大多数人天生就能观察周围，但那些真正能够看清的人才能获得认知，并且能够觉察到别人觉察不到的事情。

试试这个

◆ 员工要以一天至少一次的频率询问顾客这样的问题："我们做得怎么样？""我们如何才能做得更好？"写下对方的意见，把它们整理到一起并具体落实，从而改进服务。

试试这个

◆ 在顾客离开你的区域之前，要问对方"我还有什么能为您做的吗？"或者也可以这样问："我们还能做哪些事情让这次的体验变得更加有趣呢？"

试试这个

◆ 设定一个目标：每周都要获得新的认知，帮助你了解顾客的期待。认真研究顾客反馈的数据以及关于顾客满意度的数据。这些信息都应该是每个员工经常要了解的。

回应之五：同理心

我认为我们都有同理心，但我们可能没有足够的勇气把它表现出来。

——玛雅·安吉罗，美国作家、舞蹈家

对顾客拥有同理心是我们能培养的最为重要的品质之一。要想人之所想，或者至少试着把自己放在他们的处境或让自己面对他们的困境，这对为他们提供服务是非常重要的。同理心是指跟别人的想法、情感或经历产生关联的能力。尽管它通常会被比作"同情"，即以怜悯之心、敏感之情理解和支持他人的能力，可事实上它的含义不止"同情"这一层。同理心要求人们能设身处地为他人着想，了解对方的感受，懂得他们的需求。

在工作场合中展现同理心意味着你对同事表示出一种深深的尊重之意。它是你很重视对方的标志，与那些只会遵从规矩和原则的员工刚好相反。一种带有同理心风格的领导力能够让所有人感觉自己是团队中的一分子，而这会进一步提高工作效率、振奋团队士气以及提高忠诚度。同理心是受人喜爱和尊敬的人拥有的一个强大的工具。我们都能从护士身上学到关于保持同理心的一课。护士群体已经无数次地被评为最受信赖的从业人员，因为他们能够在日常的角色和任务中展现同理心和同情心。他们大多数人都能做到这一点，这是因为他们真的重视。所以从整体上来说，护士行业通常被认为是一种使命，而不只是一份工作而已。

找回丢掉的签名簿

我有一个朋友，他最近刚刚带着自己6岁的女儿去了迪士尼世界。这个小女孩花了三天时间拿到了尽可能多的签名，可是在玩“丛林探险”的时候突然不小心把自己的签名簿掉进了河里。这本签名簿她再也拿不回来了，这让她十分郁闷。看到这名小女孩眼含泪水，其中一名演职人员（他自己也有一个女儿）就立刻问她的家人发生了什么。听完以后，这名演职人员就叫了一名监管者过来。他向监管者解释了事情的经过，然后获准陪伴他们一家人又逛了一遍乐园，并且直接去每条队伍的最前面，让这个小女孩重新拿到所有的签名。人们每天都会丢东西，每家公园每天也会有数百名孩子由于各种原因大哭。但差别就在于，一个处在“前线”的演职人员有能力去安抚一个家庭，解决他们的问题，并且“挽救”他们的假期。那一天，这家人就成功地转变为迪士尼的“大使”。他们饱含感情地把这个故事分享给了所有人，这个任职于“丛林探险”的演职人员富有同理心的这一举动将永远不会被忘记。

同理心让你讨人喜爱

> 超过 70% 的购物体验是基于顾客感知自己被对待的方式以及他们对这种对待方式的感受。

人们喜欢别人和他们产生联系。超过 70% 的购物体验是基于顾客感知自己被对待的方式以及他们对这种对待方式的感受。关联并不一定意味着你和他们很像或者具有相同的背景、文化或受教育程度，它只是暗示了这样一种能力：通过别人的眼睛看这个世界，并且让他们感到自己很重要。“回应”原则包含同理心，甚至把它作为一种必需品，这样员工就能够准确地提供服务。如果你无法明白顾客的需求并与此建立关联，那你就没法帮助他们。在我们看来，迪士尼世界的员工之所以能做得如此出色，就是因为他们带有一种“讨人喜爱”的特质。总而言之，无论在迪士尼还是整个市场，能够崭露头角的人就是那些拥有同理心品质和能力的人。

体验系数提问

员工对顾客的在意是显而易见的吗？员工渴望真正了解顾客的需求吗？

应对策略

能够真正明白顾客的需求并建立联系，这会建立信任，而且在个体层面上也建立了联系。

试试这个

◆ 尽管很难对他人的经历感同身受，但你仍然可以和对方建立联系。利用关联性交换去理解顾客，比如下面这条：请帮我了解我们怎样才能在最大限度上照顾好你的这部分需求。

试试这个

◆ 列出你可以提高或利用的前10种行为，它们会帮助你养成“绝佳”人士所具备的技能。同理心的核心思想就是能够有效地产生关联和进行沟通。

试试这个

◆ 在每周或每月的团队会议上，你要练习模仿你的顾客。当你应对难缠的顾客时，对他们的模仿有助于你感同身受。模仿这个人的声线、音量、眼神交流，甚至是说话风格和措辞。人们通常觉得跟像他们的人待在一块会更舒服。

回应之六：过程

科学就是让我们从困惑走向理解的那个过程。

——布赖恩·格林，美国理论物理学家

卓越不是你只要做到一次就能宣称完成的事情，它是一个过福雷斯特公司最近的一份消费者调查报告显示，超过 50% 的消费者觉得他们的问题或担忧没有得到解决。

程。没有体系、规则和精心准备的过程，迪士尼是无法立足于世的。时至今日，迪士尼依然以其员工之间天衣无缝的互相协作方式独树一帜。这自然不是偶然发生的。迪士尼如此成功的秘诀之一就是对特别设计的过程的重视。迪士尼演职人员所做出的准备和努力是非常巨大的，这也成了迪士尼体验如此卓越的众多原因之一。福雷斯特公司最近的一份消费者调查报告显示，超过 50% 的消费者觉得他们的问题或担忧没有得到解决。有的时候，这是因为不够努力，但更多时候，这里的问题就是缺少一个确保所有问题总能得以解决的过程。

华特迪士尼世界有将近 7 万名演职人员，他们分别在 1 500 个不同的岗位上工作，并且都参与到一个精心设计的过程当中。布鲁斯曾有幸一开始在迪士尼的娱乐部任职，后来被调往佛罗里达州华特迪士尼世界的娱乐部。当时他有机会设立自己的职位，所以他就成为运营部的一员，像大多数人知道的那样，运营部门针对的就是迪士尼的各个景点。当布鲁斯开始在这些景点培训演职人员的时候，他发现需要对服务的卓越性、沟通方式、团队合作、态度以及领导力发展等方面进行改进。他能够在第一时间见证迪士尼对其采用的这一过程的重视程度。不久以后，布鲁斯就先后接到来自销售、食品、安保、停车管理、家务管理以及顾客关系等部门的电话，请他帮助每个部门改善服务流程。对布鲁斯和迪士尼的领导者来说，关键在于要意识到一个过程不仅仅指的是检查规章制度，它还是一种承诺，即要把员工完美契合到一个计划好的体验当中。

交互式教育

尽管迪士尼各部门之间也多少存在一些“敌意”，但在大多数情况下都能顺利合作，而且彼此尊重。对于像迪士尼这样规模庞大又复杂的企业来说，各个部门、团队和个人为完成一个共同目标努力奋斗是至关重要的，否则，这场“秀”就会失败。所以布鲁斯帮助迪士尼在内部创立了一个名为“交互式教育”的流程。如果在两个需要协作的部门之间存在冲突，那么其中一个部门就要派两到三个重要员工与另一个部门的人开会。他们要在会上解释各自关于这场表演的职责，以及他们认为这两个部门怎样才能在最大限度上协同合作。重点在于，要确保每个人在这个过程中都发声，而且每个声音都被听见和认可。很多奇妙的体验就是通过这类流程，在这种沟通中被创造出来。

设定一个过程以实现愿景

当迪士尼要举办一场大型演出或活动的开幕式，需要多个部门协同合作时，布鲁斯的同事们就要提前两三个月甚至一年的时间开会，目的就是统一所有人的意见。但是，有时候我们很难把自己的愿景、创新或新的想法“传授”给那些我们必须依赖他们才能将其付诸实施的人。为了做到这一点，我们需要有一种恰当的策略和过程，而且必须在每个细节上将其与愿景联系起来。然后，为了实施策略而采取行动的过程和顺序必须按照愿景本身的精神执行。缺少了愿景、策略和过程，企业的精密计划或体验就无法长久存活。如果我们在这些方面不能达成一致，那就不可能使所有人的意见统一，从一个共同的出发点做事。

体验系数提问

你有没有一个清晰的流程和一套规则用来回应顾客的需求？

应对策略

无论作为员工还是领导者，你同时也是一个企业的内部顾问，要一直关注、监测和改进公司内部的各个流程。毕竟，“流程生巧”。

试试这个

◆ 每个月都给忠实顾客发邮件或提供调查服务。向他们提出具体询问：“您觉得我们做事是高效而有组织的吗？”“您会很容易地找到一切吗？”“您会做出什么改变呢？”“您在体验中会遇到什么问题？要改正这些问题，您希望我们怎么做？”

试试这个

◆ 找到你很难与之产生联系的某个团队或部门，邀请对方的2~3个重要员工来参加一个未来员工会议，讨论两个部门之间长期持续存在的问题和可能有效的解决方案。反过来再做一次，即派你方的2~3个重要员工去参加他们的员工会议。这会打开双方在以前似乎不可能打开的沟通大门，启动不可能实现的流程。

试试这个

◆ 在每月一次的会议上，分别讲述成功与失败的事例。确立一项行动计划，即在下个月改正或消除这次体验中错过的事情，然后趁热打铁，建立模式和过程。

回应之七：适应

智商的衡量标准是人适应变化的能力。

——阿尔伯特·爱因斯坦

优秀的企业和员工都能够适应时间的改变。早在20世纪，瑞士人就以其“钟表专家”之名广为人。如果你想要一款很棒的手表，你会买瑞士产的。事实上，在20世纪60年代，瑞士有1 500个制表大师和设计者。到了70年代，石英晶体面世，给整个钟表行业带来了变革。石英晶体的研发者率先将它引进了瑞士。然而，这些全球知名的制表专家却不愿意接受它。与之相反的是，日本人对石英的出现表示完全欢迎，并且开始使用这种材料。自此，消费者对表的需求开始转向了日本，由此导致瑞士在钟表行业的从业人数从 1970 年的 9 万减至 1988 年的 2.8 万。你可以依赖改变，它可以发生在你的生活、你提供的产品和行业中，也可以体现在你提供的顾客服务体验上。你对改变的认可以及利用或适应的能力可以为企业的发展描绘出一幅美好的未来景象。

处于“进化”状态

在商业中，唯一不变的事就是改变。布鲁斯有个朋友曾经向居民和商业机构售卖 9 英尺长的圆盘形卫星电视天线。多年来，他在这一领域都做得相当好，这让他决定以折扣价购进一大批天线，它们可以一直卖到年底。就在他把这款天线装满一个小仓库不久以后，市场上出现了更小更廉价的 3 英尺卫星天线。由于他无法处理掉这些老而过时的卫星天线，他几乎在一夜之间破产。

1971 年 7 月，华特迪士尼世界开始运营。当时，“明日世界”是顶级的和美丽的，可 40 年过后，那些景点不再是顶级的，事实上，它们看起来很过时。曾经有这样一个景点，名字叫“未来发展城”。它最初是为了 1964 年举办的“世界博览会”而设计，可从那以后可能再也没有被翻新。迪士尼的管理层对 1982 年起投入运营的艾波卡特主题乐园也有过同样的担忧。当华特·迪士尼在1966年向全世界介绍华特迪士尼世界与艾波卡特主题乐园的理念时，他提到的一条重要原则就是：“它将一直处于一种‘进化’的状态。它会成为一张未来的生活蓝图。”然而，即便是迪士尼，有时候也是慢慢接受改变的。

为什么要改变

对一些人来说，改变很容易做到；对其他人来说，改变就像拔牙一般难受。现在商业社会有一种说法：“适应，或者毁灭。”华特·迪士尼就热爱改变。他曾经说过，“我不喜欢重复的成功。我喜欢去其他领域继续试一试”。但是对那些反感改变、满足现状的人来说要怎么办？艾波卡特主题乐园“自由之声”的创办者德里克·约翰逊曾对布鲁斯说，“如果你有机会尝试一些新事物，即与你做过的事截然不同，那你要永远选择追逐那个新的事物。如果失败的话，你总是可以回去做你曾经做过的事情”。生活的意义就在于自我延伸、成长和挑战，让自己变得更好，提升自己，与众不同。通常来说，多样性本身就会树立自信，这是它与别的事物不一样的地方。

就在我们写这本书的时候，喜剧演员罗宾·威廉姆斯过世了。我们一直都是罗宾的影迷，因为他拥有极具创造力的思想，尤其是他有着不同寻常的冒险精神。他在每次娱乐大众之前总是显得很紧张。但他也知道，放松与紧张仅有一步之隔。罗宾就是喜剧领域的天才。他愿意去适应以及提高自身实力，这让他走出当地小小的俱乐部，登上各式各样的大舞台，并且最终走上了奥斯卡金像奖的领奖台。罗宾绝对知道如何运用适应的力量。

提升体验的前提是适应顾客

除了创新和适应企业周围不断变化的环境外，不断调整以满足顾客当下和长远的需求也是对提升服务体验极为重要的一点。遵从任何人、地方或系统的能力是志同道合的领导者和员工必须要谨记于心的一种论断。在Marketing Metrics公司的一份研究中，我们发现有60%的老顾客会保持忠诚，是因为企业具备进化和适应他们需求的能力。

在Marketing Metrics公司的一份研究中，我们发现有60%的老顾客会保持忠诚，是因为企业具备进化和适应他们需求的能力。

我们必须要有改善体验的能力与专业度，并且在恰当的时候临场发挥。要做到这一点，你必须首先具备这种能力——那就是适应！

关于这一点，有一个很棒的事例是大多数四季酒店所采用的“员工掌权模式”。员工有权解决问题，甚至可以花一大笔钱为一名顾客或客户解决一个问题。虽然你不希望让任何一个员工这么做，但四季酒店里面那些被授予决策权的员工是非常专业的。他们经过培训，做好了准备，还能做出恰当的回应，采取与绝佳体验和专门的流程相一致的实际行动。

事不关己，却要急人所急

正如先前讨论的那样，有时候你需要做出调整，以应对消费者所遭遇的危机。最近我和妻子金伯利去了趟亚特兰大。我去那里是要参加一个商业会议，可航空公司弄丢了我的行李。我们希望航空公司能及时把行李送过来，方便我更换衣服。在会议开始前大概一小时，航空公司打来电话说我的衣服没法尽快送到酒店。所以我们只能在当地的巴克黑德国际酒店等着。当时我穿着牛仔裤和T恤，脚上还穿着拖鞋，对于参加一场职业性会议来说，这么穿是不太合适的。

于是，我去酒店找了一位还记得我之前来过的服务生，我们一起去了前台。这位服务生找来酒店经理，跟他讲明我的处境。然后经理转过头来对我说："先生，这没问题。"我立即如释重负。

经理立刻带我到巴克黑德国际酒店的内室，然后给我找了一身适合我穿的西装。这套灰色细条纹西装甚至比我自己的还要好！这位经理朝我眨了一下眼，并说道："在接下来的三个小时内，您就是我们中的一员。您只要别忘记把这套西装带回来就好。"然后他带我来到礼品店，给我找了一件衬衫，又拿了三条领带给我，让我上楼试一试，看哪一条适合我。最后我成功赶到会议现场，而且参加会议的人还夸我的衣服很棒。这是非常美妙的一次体验！

在创造绝佳体验的过程中，无论是个人还是团队都必须具备适应和回应的能力。这支亚特兰大的服务团队不仅应该觉得自己很棒——他们是客人遭遇危机时的正面因素，而且还应该自豪于他们收获了一个终身客户。

体验系数提问

员工具备适应变化的能力吗？当任何对公司有益的机会出现的时候，他们有权做出正确的回应吗？

应对策略

所有思想前卫的专家都是“变革艺术家”。如果我们没有改变和适应的能力，未来的进步、发展和提高就会受到限制。

试试这个

◆ 当你下次面对一个超出你的培训或流程范围的问题时，保持冷静并专注于实现对顾客而言最好的后果。然后确保你记录了这个问题，并与整个公司、部门或团队沟通这一问题，这样就能促成一项规则或流程的产生。

试试这个

◆ 采用如下“五步法”，这会对内部适应变化有所帮助：

1. 认识到改变会发生。

2. 为适应制订一个行动计划和过程。

3. 逐渐将改变融入你所处的环境中。

4. 与他人讨论这个变化：他们要如何适应，以及这为什么是有好处的。

5. 专注于积极的态度和行动。

试试这个

◆ 当你下一次遇到出乎意料的变化或者在你提供体验的过程中可能出现的障碍时，制作一个T形表格，上面列出优劣以及各自导致的结果。如果实现成功的潜在结果要远远大于失败，那么就下定决心，带着这种改变全速前进。

回应之八：认可

人性的根本原则是渴望被赏识。

——威廉·詹姆斯，美国心理学家、哲学家

奥普拉·温弗瑞在其主持的电视节目20周年庆典上讲了一段令人印象深刻的话。她说："在过去的20年中，我采访过几千人。他们来自各行各业，从一贫如洗的穷人到拥有一切的亿万富翁，应有尽有。我发现这些人身上都有一个共同点，那就是他们都想获得认可。”无论你的人生走向、你所获得的成功或是你为自己创造的名声如何，你仍需要感觉到自己是有价值的。

最近，布鲁斯接到了一通来自他嫂子的电话，后者对一家医院非常失望：就在前一天，他嫂子的姐姐得了中风，所以她到当地一家女子医院的急诊处问询。她姐姐尚未结婚，而布鲁斯的嫂子也不具备代表她姐姐做回应的法律效力，所以没有人能给他嫂子提供任何有用的信息。医护人员一遍遍地问她姐姐相同的问题，可她因为受条件限制，无法代替她姐姐回答。

布鲁斯的嫂子用了三个词形容这家医院所有的医护人员：不发生联系、疏离和冷漠。她对那些人表现出来的粗鲁、唐突和漠不关心的样子感到非常吃惊，因为他们原本的职责就是要帮助那些受到惊吓、感到困惑和沮丧的人。

阿伯丁集团最近的一项研究表明，70%的顾客体验高级专家会利用顾客的反馈制定战略决策。

每个人都想拥有这样的感觉：他们是重要而且受重视的。这样他们就知道自己做的选择是正确的；如果是错误的，那他们就知道错误出在哪里。由此看来，他们也需要自己的观点获得认可，付出的时间被重视。阿伯丁集团最近的一项研究表明，70%的顾客体验高级专家会利用顾客的反馈制定战略决策。如果我们不清楚对方的感受和需求，那我们又怎么知道该如何服务好他们呢？认可应该体现在每次的回应中，无论是确定企业策略还是关于跟顾客的直接互动。当你认可对方的时候，你所传达的就是在乎对方的意思。

做正确的事

大多数人并不是在寻求特殊对待或星级待遇，而是希望能受到公平的对待和尊重。高级百货公司诺德斯特龙有一个非常简单却极为有用的管理哲学："做正确的事。"换句话说，如果对待顾客和工作的最好方式就是急人之所需，那就这样去做。这是最简单的做法了。

一位老妇人来到一家连锁餐厅戴夫烤肉店买午餐。她没法把午餐全都吃完，所以就把剩余的饭带回家，放在冰箱里。一个多星期之后，她把这些饭拿出来喂她的狗吃，结果狗生病了，这位老妇人因此就去戴夫烤肉店找他们抱怨。听完她的描述后，经理问她花了多少钱买的这顿午餐，然后痛快地把钱退还给了她。

店里的一个员工对此非常不解，于是就问经理，既然已经清楚地知道这完全是那位老妇人的错，为什么要退还她的餐费。经理回答："我宁愿偿还她这顿 8 美元的饭，也不要永远失去她这个客源，还有她所有的朋友。"

得克萨斯州达拉斯市休厄尔村凯迪拉克店的所有者卡尔·休厄尔预测，拥有一位终身顾客的价值高达 32.2 万美元。他说："如果你不想失去 32.2 万美元，那么对 50 美元的争论就没多大意义了。”如果你待人公平，消除他们的疑虑，并且让他们觉得自己重要和受到重视，那么你就不只会拥有一位终身顾客，还有机会把他们发展成为“大使”，他们会跟别人分享他们的体验。

体验系数提问

企业是否致力于努力了解顾客的需求和渴望，并且承认顾客的重要性?

应对策略

让你的顾客了解你认可他们的需求和渴望，即受到认可并显得重要，这是极为重要的。

试试这个

◆ 无论什么时候，只要顾客提出建议、批评或赞美，我们就要由衷地感谢他们，并且带着认可的语气回应对方，比如“您提到的这一点非常好，我们会认真研究如何把它应用到我们的服务当中。谢谢您”。

试试这个

◆ 建立一个列表，写上你的顾客喜欢被对待的方式，然后将这份列表作为体验的基准。设身处地为对方着想，然后再问自己:“为了给对方提供一种‘绝佳体验’，我需要改变什么呢? ”

◆ 试试这个

每次在你能够获得提高，或看见别人提供绝佳体验的时候，即便只是如婴儿蹒跚学步般迈出一小步，你也要庆祝和鼓励你的团队和同事们。这些越来越多的“一小步”就是搭建一致性与卓越性的积木。所以要庆祝当下收获的小成就，以及最终那些巨大的成就。

回应之九：预知

智慧由对各种后果的预知组成。

——诺曼·卡曾斯，美国社会评论家、作家、教授

在大多数情况下，我们都知道顾客的需求是什么，然而挑战在于我们怎样才能很好地预知和满足顾客的需求。优秀的企业和员工会把专注力放在提供不只“良好”或“极好”的服务，而是“绝佳”的服务上面。韦恩·格雷茨基有一句名言：“我会滑去冰球将要出现的地方，而不是它去过的地方。”那些真正想在服务行业为自己赢得名誉的人有能力预知客户想要的东西，并且为他们提供。而且，那些真正的专业人士所提供的服务和项目是顾客还不清楚自己所需所求的东西。谁会想到，即将经历一场大型手术的患者，会因为自己产生了一种正在一家豪华酒店登记入住的感觉而表现得极其镇定呢？梅奥诊所就能做到这一点！

丽思·卡尔顿酒店和四季酒店等知名酒店所创立的管理系统能追踪客人之前住店时的偏好。有的客人更喜欢百事可乐系列饮料，而不是可口可乐系列饮料，那么即便酒店只提供可口可乐，经理也会想方设法拿着一套6瓶的冰镇百事可乐在客人的房间里等待客人的到来。有的客人专爱某种枕头，那么经理就会为其特别定制，并且专门为这名客人留用。这些细微之处以及很好地提前预知对方需求的能力会让你变得与众不同。人们不记得大事的程度几乎等同于他们记得小事的程度。顾客消费的时候，花多花少并不重要，因为无论哪种方式，他们都会和别人分享自己的体验。所以我们所做的“小事”才是在服务行业中最为重要的。

预知顾客需求的迪士尼

迪士尼以其能够提前预知顾客的需求而知名。演职人员能够与众不同的方式之一就是具有强烈的意识，能够在事情出现以前就能预见它的发生！如果你知道有哪些问题会出现在餐馆、游行路线、景点里，或是伴随着店铺里的客流而出现，并且你能提前避免那些问题的发生，那么顾客的体验就不会遭受负面影响。有时候客人可能不清楚哪里出了问题，但在迪士尼，这种客观意识总是会让问题在被注意之前就被消除了。

清楚你的目的

遗憾的是，我们在内部调查中发现，只有 29% 的员工清楚他们在企业里的最初目标（扮演的真正角色）。

为了恰当地预知为提供绝佳体验要做的行动，所有员工都需要清楚他们的意图，换句话说，他们为什么要这么做。你的企业里的任何一个人都应该能够走到一个同事面前，并问道：“你做的事情是怎样直接或间接地影响顾客的体验呢？”如果他们连这一基本的问题都回答不上来，那就存在着领导力方面的问题或者在沟通上出了问题。遗憾的是，我们在内部调查中发现，只有 29% 的员工清楚他们在企业里的最初目标（扮演的真正角色）。

员工必须一直非常清楚他们的工作、态度、表现以及顾客满意度是如何直接联系在一起的，而且要认识到它之所以重要的原因。当你认识到你的目的是照顾顾客，那么你做的其他一切事情都会变得非常清晰。

体验系数提问

企业员工在提供服务体验的时候知道他们的目的吗？当问题发生时，他们能够预知问题并提出相应的解决方法吗？

应对策略

成功通常取决于对卓越的期待、对如何克服障碍的预知，以及如何让那些期待成为现实。

试试这个

◆ 保持和你的顾客沟通。你要让他们知道该期待什么，并且诚实而直接地去做。运用“UPOD”这一概念：“少说”（underpromise，即UP）和“多做”（overdeliver，即OD）。期望值要设定得低一些，这样我们就可以提供优于承诺的服务，即我们提供的服务超出了预期。

试试这个

◆ 要联系关于你的顾客及其偏好的那些列表，然后预想能够让他们享受绝佳体验的做法。要一直记住自己“在台上”。要有意识地关注每一个“客人”，他们会让你尽情发挥你的角色，而且每次在面对顾客的时候都能提供最棒的服务体验。

试试这个

◆ 制定一份列表（核对清单），在上面记述你所从事的工作或扮演的角色的各个方面，以及它会如何直接或间接地影响你的顾客。接下来，确定你要做的事情，这样才能将你的“体验游戏”提升到更高的层级。

回应之十：补救

成功并无秘诀。它是准备、付出和从失败中学习的结果。

——科林·鲍威尔，前美国国务卿

布鲁斯有一个朋友名叫比利·里格斯。他是一名世界一流的魔术师，曾受邀在巴哈马群岛的天堂岛上的亚特兰蒂斯度假村表演。他决定带妻子和儿子一起去，可是他们在迈阿密的时候错过了航班，直至半夜才到度假村。当时他们已经筋疲力尽，而且他还带着全部的魔术用品和道具，还有他们的个人物品、婴儿车和他们的孩子。他的行李装满了两辆推车。一名前台接待人员给了他们房间钥匙。一名行李服务生帮忙推着一辆推车，比利则推着另一辆，他们朝着房间走去，光这段路就要花费10分钟。

他们乘坐电梯前往房间楼层，然而当他们终于打开了房门时，却听到房间内一名女士受到惊吓的尖叫声。比利迅速关上了门，然后又走了10分钟回到酒店前台。类似的情景又发生了两次：每次都走错房间。直到凌晨两点半，同样的事情第三次发生之后，他们再次回到前台，这时酒店经理走过来，准备处理这个问题。

这名经理满怀歉意地说："我们要给你的房间升级。"然后他带着他们又走了10分钟，来到了电梯口。那名行李服务生按下通往顶层的电梯按键。当电梯门打开的时候，他们不仅听到从一架大钢琴里发出的如天使歌唱一般的声音，而且还看到巨大的落地窗，透过它们可以远眺加勒比海。

当比利向人们讲述他们一家住在亚特兰蒂斯的经历时，他们不会记得自己在那晚凌晨有好几次误入他人房间或者多次往返于前台的片段，而是会详细叙述这家酒店极其出色的补救措施以及他们一家在豪华套间度过的难忘时刻。

补救服务是非常重要的。如果事情出了差错，顾客是知道的。大多数人都是讲理的，可他们憎恶的是员工隐藏差错、不断制造借口或者因为一个问题而责怪他人的行为。一般来说，顾客不会在意谁犯了错，他们只想知道谁会去补救它，以及如何补救。所以优秀的员工和企业都有这样的应对系统和方式，即在体验变得更加糟糕之前，扭转这个趋势。

根据NIM顾问公司的调查，大约有96%的失望顾客从来不会抱怨品牌或者服务提供方，但会告诉朋友。他们还发现，如果你能解决问题，那么在这些人当中，有54%~70%的人会回心转意，给你第二次机会；如

> 根据NIM顾问公司的调查，大约有96%的失望顾客从来不会抱怨品牌或者服务提供方，但会告诉朋友。他们还发现，如果你能解决问题，那么在这些人当中，有54%~70%的人会回心转意，给你第二次机会；如果你没能解决问题，那么46%的人将再也不会跟你打交道。

果你没能解决问题，那么46%的人将再也不会跟你打交道了。

顾客永远是对的

“斯图·伦纳德的店”是康涅狄格州诺瓦克市一家非常成功的杂货店。这家店前有一块重达三吨的花岗岩，上面刻有两条原则，你可能在别家店铺那里也看到过：

原则一：“顾客永远是对的。”

原则二：“如果顾客出了错，那就重看原则一。”

尽管这可能是老生常谈、陈词滥调，但它确实是真理：“顾客永远是对的。”如果事情出了错——这很常见，那么你的首要职责就是尽快弥补它们，无论之前发生了什么事情。

我们都会犯错，但影响体验的是补救

在布鲁斯还是“魔法王国”中“奇妙世界”的监管人的时候，有一次他接到一个电话，叫他立刻前往“小飞象”那里。刚到那儿，他就看到有两个父亲正在争抢他们排队的先后位置，其中一个父亲甚至还打了另外一个。布鲁斯并没有把那名“激进者”赶出乐园，而是把他和他的儿子领到“匹诺曹的乡村之家”（一家快餐店），并说道：“我不想让安保部门介入，因为这会毁掉您的假期。不如您带着儿子悄悄地从后面离开，然后去玩乐园的其他设施，把这件事完全忘掉吧！”这个父亲很感谢布鲁斯，随即带着他的孩子离开了。

然而，当布鲁斯告诉另一个父亲他的做法时，对方勃然大怒，并要求控诉。因此，他们填了一份抗议书，然后让两个身着便衣的安保人员花了一个半小时的时间在乐园里寻找那个遭到控诉的“激进者”。最终，他们觉得在“巨雷山过山车”那里看到了他。安保人员带着那个人和他的家人来到他们的办公室，然后开始审问他。一小时后，安保人员让布鲁斯进来辨认一下，看是不是那个动手打另一个父亲的人。布鲁斯刚刚走进办公室看到那个人，就立刻说道：“你们找错人了！”

现在，迪士尼要负全责了。可整件事的起因是布鲁斯想要当一个好人，而没有先联系安保部门。所以为了弥补自己的过错，布鲁斯在接下来的两个小时里，带着这个被“误抓”的人及其一家到他们想去的任何一个游乐设施，而且不用排队（直接“走后门”）；同时安排和卡通人物合照，并且提供可乐和雪糕。那家人玩得很开心。4 周后，布鲁斯收到了一封来自孩子母亲的暖心来信，她在信中非常真诚地感谢他拯救了他们的假期。她这样写道：“如果不是你，我们的假期就会变成一场灾难。我都不知道该怎样感谢你了！”所以在这篇故事中，布鲁斯既是“罪魁祸首”，又是“暖心英雄”。

我们都会犯错，但只有我们的回应和补救方式才是顾客会记住的地方。因此，创造绝佳体验的秘诀并不是做到极致，而是对弥补缺憾的不懈努力。

体验系数提问

企业员工有没有承诺，当服务或与客人的互动出问题的时候会进行补救？

应对策略

我们向顾客证明自己价值的时刻，并不是事情进展顺利的时候，而是在出错后能够立刻解决问题的时候。

试试这个

◆ 在顾客临走之前，要真诚地问“今天我们的服务能满足您的需求吗”或者“为了给您提供一种更好的服务体验，我们还有什么能做的吗”。这样顾客就很可能给你提供反馈意见，改善你和公司的服务体验，为现在和以后做准备。

试试这个

◆ 无论何时出现问题，要确定它、剥离它，然后修复它。以主人翁的姿态，在前 10 分钟内尽全力解决它。大多数问题很容易在早期就能够获得解决，这样就能避免事态恶化，不让顾客失望。

试试这个

◆ 问题出现时，要采用布鲁斯在迪士尼所用的“学习”（L.E.A.R.N）系统：

L：听取（Listen）——认真听对方说的话，确定问题所在。

E：同情（Empathize）——设身处地，从顾客的角度思考。

A：道歉（Apologize）——担负起责任。

R：解决（Resolve）——立刻行动，但要冷静地处理问题。

N：正常（Normalize）——恢复与顾客的关系，使之回到问题出现前的状态。

第三部分

幕后
（企业内部层面）

第八章　第五大原则：绝佳特质

你可以设计、创造和建立世界上最美妙的地方，但要有人协助才能将这个梦想变成现实。

——华特·迪士尼

“绝佳”（exceptional）的同义词包括“稀有”（rare）、“非凡”（extraordinary）、“卓越”（excellent）和“优秀”（superior）。我们不可能期望实现这些词汇代表的强大含义，即使付出额外的努力或执行力也很难实现。体验背后的秘诀是指负责提供体验的人所具备的相关性专长和执行力。正像我们早已说过的那样，我们会将这本书定义为一个用来创立“体验大使”的工具。然而，如果企业不存在“内部大使”，那么要提供一种绝佳体验是不可能的。如果管理层和员工对这种体验既没做好准备，也不享有权力，还没有责任可言，那么创造和提供绝佳体验就是天方夜谭。这种体验必须要被企业及其员工所接受。

我们称其为“绝佳”的原因

绝佳服务的出现，离不开每个人、每个部门和企业共同提升对卓越的预期标准。我们的研究揭示了一种存在于员工满意度和顾客满意度之间直接的内在关联。事实上，在每个组织中，更为开心和满足的“绝佳员工”（和“绝佳公司”）会提供更好的服务，同时也更容易满足顾客的需求。

在迪士尼，这种体验开始于“幕后”。你对待合作伙伴和同事的方式，最终会关系到那些同事在你不在的时候对待你的顾客以及与其互动的方式。在这本书里，我们谈到了“I. C.A.R.E.”这五大潜在性原则（印象、联系、态度、回应与绝佳特质）以及超过 50 种与这些原则相关和由此推演出的次级原则。尽管我们把“绝佳特质”放在最后，它们实际上是创造绝佳体验的基础。

我们的研究显示，只有不超过 3% 的美国企业在提供“绝佳”级别的体验。你又在哪一级呢？该部分介绍的是关于企业内部的体验——它正在被培养以作为外用。如果你在这部分内容中一无所获，那就把专注力放在这些规则上，然后看看你所在的组织的用户体验是否到达绝佳级别，它是你可以引以为傲的事情，也是你的顾客会跟他人分享的事情。

我们的研究显示，只有不超过3%的美国企业在提供“绝佳”级别的体验。

绝佳特质：受迪士尼公司启发所得的十大非协商原则

绝佳特质之一：文化

打造一个将企业内部体验转化为外部体验并传递给他人的系统，

这会让你的企业文化变得完美。

绝佳特质之二：卓越

卓越是指对完美的不懈追求，尽管我们知道真正的完美是无法企及的。

绝佳特质之三：精神

这就是为什么“体验”在背后支撑着员工、产品和服务。

绝佳特质之四：担责

这要求我们要承诺提供一种双方一致认可的体验。

绝佳特质之五：团队协作

这一要素说明体验等同于其所有部分和人的总和。

绝佳特质之六：投资

这指的是为员工和其他任何负责提供体验的人付出的努力，提供的培养、爱和鼓励。

绝佳特质之七：培训

企业内部的“体验大使”必须要做好准备。

绝佳特质之八：发展

学徒培训一直是企业保持人才辈出的秘诀。如果你追求的体验是要成为一种重复性体验，那么进行学徒培训和发展就是必要的做法。

绝佳特质之九：非凡

这指的是你与“一般体验”这种想法抗争的顽强意志，也是你希望团队成员提供完美体验的意愿。

绝佳特质之十：乐趣

当员工和“大使”正在享受和顾客同样的乐趣时，这就表示体验起了作用。永远不要低估积极氛围的力量！

绝佳特质之一：文化

你必须维持一种转变的文化，从而对你的价值观保持忠诚。

——杰夫·韦纳，领英CEO

文化是重中之重。你必须不断将企业价值传递给那些提供可交付服务和带有品牌信息的人，才能创造、培养和保护企业文化。我们在这本书中探讨的原则没有一条是真正有协商余地的，而这一条更是绝对不可协商的。文化是企业的命脉，也是你不惜任何代价必须要培养、引导和保留的东西。

卓越文化路径

创造一种卓越文化的关键，在于建立不会偏离常规的准则。这一切都开始于一种展望：你和你的公司计划在未来的5~10年内发展到哪一步。改变企业文化并不能快速解决问题，恰恰相反，你必须要随着时间的推移对企业文化加以塑造和培养。相关数据是很刺眼的：我们的一项独立研究表明，在任何一家企业里，大约有70%的员工是一般的执行者，有15%的员工是优秀的，而剩余的15%是差劲的。因此，改变企业文化的关键在于淘汰差劲的执行者，同时尽可能多地将一般的执行者培养成为优秀的执行者。这是领导者的职责。

> 相关数据是很刺眼的：我们的一项独立研究表明，在任何一家企业里，大约有70%的员工是一般的执行者，有15%的员工是优秀的，而剩余的15%是差劲的。

我们将这种对文化的创造和进一步发展称为一条“路径”。创造一种卓越的文化，第一步就是要确定谁应该走在这条路上，第二步是确定谁需要走在“另一条路”上。迪士尼给人印象如此深刻的一个原因是，事实上他们的领导者擅长区分这两条路以及判断之后员工应该在那条路上扮演何种角色。

核心价值

对任何一家企业来说，“卓越”的前身一定是“核心价值”。

随着迪士尼乐园的陆续开放，每个乐园都具备4种价值。它们不仅成就了迪士尼品牌的一切，而且将公司价值贯彻到整个企业中。

在1955年第一家迪士尼乐园对外开放之前，迪克·努尼斯和范·弗朗斯创造出这4项核心标准，并且在过去的60年中一直将其作为“迪士尼哲学”的一部分加以保持。这4项标准分别是安全、表现、礼貌和能力。尽管在最近几年中它们被稍做改动（“能力”到后来演变成“效率”），但它们依然反映出迪士尼员工一贯而重要的身份和象征。它们是一家迪士尼乐园制定每项决策和执行每个行动的核心要素。如今这4项标准分别是：

1. 安全：采取的每项预防措施都要保证每位客人在体验的过程中是安全的。

2. 礼貌：每位客人都要被尊重，而且要被当成一个受重视的VIP来对待。

3. 表现：迪士尼的演出和演职人员的各个方面都一定要卓越而优秀。

4. 效率：每种顾客体验的提供都必须进展顺利，而且看起来毫不费力。

安全

缺少“安全”，其他的一切都不重要了。迪士尼可以提供最好的食物，给你的孩子一小时的私人时间与角色人物独处，表演，以及提供令人赞叹的游乐设施。但如果因为一个演职人员粗心大意，没有做好清理工作，致使你滑倒并伤了脚踝，那你的旅程就被毁了。一切事情都比不上客人的安全和健康来得重要。

礼貌

正如之前提到的那样，每位顾客都希望从公司那里获得的两大体验是员工友善以及感到受欢迎和被重视。“礼貌”是尊重的基础。缺少了友好、善意、个性化服务、真正在意他人等基本因素，你就不会表现出基本的尊重，而这是每一位顾客都期望、需要和值得拥有的。

表现

正如我们在整本书中强调的那样，迪士尼是一场经过周全计划、精心编排的“演出”。不是所有人都喜欢具有同样风格的音乐、表演、游乐设施、食物或其他东西，所以迪士尼在这场“演出”中又提供了各种各样的表演。但无论音乐、表演、游乐设施或食物如何，所有这些都需要在每一处表现卓越。不管你供职于哪里、做什么工作，你必须在你所提供的东西中传达出卓越的意思。否则，它就不值得你花费时间，也不值得顾客付钱。

效率

顾客讨厌排队等候、坐等通知或活动遭到推迟，总而言之，顾客都是没耐心的。尤其是现在，我们想要快餐、即食土豆、即时性汽车润滑油、提供免下车服务的银行业务、电视便餐等一切能节省时间的服务。所以迪士尼在培训每个演职人员的时候，都会让他们做两件基本的事情：接触每位客人，让他们知道自己是重要的；尽可能将过程加快，提速。如果每天有 4 万名客人到一家迪士尼乐园玩，那么演职人员就要努力做成三件事：卓越、有效和高效。

为了让你的公司获得成功，也为了让每个员工保持专注，设立标准很有必要。你在生意场上以及为顾客所做的一切事情一定是经过你制定的标准过滤后才展现出来的。即使演出可能很重要，但它永远无法取代礼貌，而且什么都取代不了安全。因此，必须有一个理由能解释你当下为什么这么做，而不是那么做。

传统

在我们看来，你工作的第一天是最重要的，这会为你在这家公司的职业生涯建立基调。在华特迪士尼世界，你工作的第一天就是你的职业定向，或者如迪士尼所称，这会确立传统。命名为“传统”是极为恰当的，因为它给每个新的演职人员创立和奠定了迪士尼的过去、现在和未来的传统。

随着员工们在华特迪士尼世界被赋予角色，他们必须参加一场关于迪士尼的“多日介绍”活动。对迪士尼的历史有了一种充分的了解之后，他们才会被派往最终工作的区域。对于那些想要成功的演职人员来说，他们必须清楚自己在这场“演出”中扮演的角色，进而学习如何最好地以迪士尼的方式为客人服务。

华特迪士尼世界里面有 1 500 多种不同的工作。每一个演职人员都要进行“试镜”（或被雇用）才能出演那个“角色”以及建立对迪士尼的有关卓越性的态度、行为和期望的认知。因此，人们对整个迪士尼的演职人员设立的标准和期望是相当高且苛刻的。当室外气温高达 35℃，而湿度也达到 90%的时候，你很难一直保持微笑。但这一“壮举”是可以做到的，那就是在它不只是工作的一部分，还是企业文化的一部分的时候。

体验系数提问

企业文化是否通过打造一种将企业内部体验转化为外部体验传递给他人的系统，从而变得完美了呢？

应对策略

事实上，我们所做的一切都源自我们的身份和我们代表的文化。

试试这个

◆ 写下你觉得最能阐述你的公司的品质并列成清单。然后，每月对两名顾客——一位常客和一为新客——进行一次调查，看看这两名顾客能否看出类似你之前阐述的那些品质。如果不能，那你就要重新制订一项行动计划。

试试这个

◆ 模仿迪士尼制定的安全、礼貌、表演和效率这4项标准，确立4项能代表你的公司的价值。按照1~10的等级评估你的公司和你自身在匹配各项价值时的有效程度。然后，针对有必要改进的地方制订一项行动计划。

试试这个

◆ 在公司档案中搜索有关你公司的创建及历史的材料和原则。准备一个板子，贴上阐述你公司传统的原始照片、言论和其他说明性文字的复印件，并把它放在员工能看到的地方。每个月问一次自己和团队："我们如何保持这些之前成就我们或正在成就我们的原则和特点？"

绝佳特质之二：卓越

卓越不是一项技能，它是一种态度！

——拉尔夫·马斯顿，美国作家

卓越并不是指做到完美，或者要求别人做到完美，我们都知道这是不可能的。卓越是指每天都努力变得更好。这种追求在企业中是有感染力的，也是塑造伟大企业文化的催化剂之一。它是指对完美的追求，但同时也要有智慧和气度，知道完美是无法实现的。

迪士尼的很多“魔法”依靠的是它的形象和声誉。迪士尼主题乐园在全世界都享有一种非常积极正面的声誉，而迪士尼的领导者也在非常努力地创造一个卓越的品牌和形象。然而，这并不总是事事顺意的。很多参加了 1955 年迪士尼乐园首次开幕仪式的演职人员将那一天比作“黑色星期天”：不仅很多游乐设施都用不了，而且原本有一些客人和显要人物被选出来出席开幕仪式，但人们印了大量假票，导致游客数量由原来的几千人猛增至 2.8 万人，使整个乐园陷入崩溃。但迪士尼的与众不同之处就在于，它们不是没有问题，而是会从问题中学习。布鲁斯常说这样一句话：“我们无法实现完美，但如果我们在当前状态的基础上去追求完美，那我们就能实现卓越。”

自我卓越的牺牲品

迪士尼和其他绝佳企业常常面对的一个问题是，它们正在沦为自我卓越的牺牲品。当你非常擅长做某件事，而你也成功地以某种卓越的方式满足了顾客的期望时，突破期望的标准通常会被设定得太高，以至他们难以重复超越那些期望。当客人每隔

3~5 年到一家迪士尼乐园玩的时候，他们想要记住“最佳中的最佳”——即便不是体验的每个时刻都很奇妙。

假设我们让你对曾有过的一次顾客体验评分，评分等级为 1~10，你给出的是“8”：你去了迪士尼，度过了一段美好的旅程，所以你认为这次旅程的满意度为“8”。现在，距离你上次去迪士尼已经过去了 5 年，而你潜意识中的期望值也从“8”上升到了“9”。假如你对第二次游玩的评价仍然是“8”，这就意味着你对迪士尼的印象已经受到了严重的负面影响，至少在当下如此。要不断达到企业所创造的卓越的高标准是非常困难的。这也是迪士尼和其他“绝佳”企业一年 365 天都在面临的困境。不断保持和传递绝佳性的唯一方式，就是能够建立一种关于绝佳性和一致性的文化。正如前文所述，卓越并不是完美，而是对它的不懈追求。

仅为 77% 的顾客满意度

我们已经在迪士尼看到同一场景一遍又一遍地上演，因此，当你在努力追求完美的时候，你很难与卓越竞争。看看下面这个关于华特迪士尼世界的怀尔德尼斯堡的故事。布鲁斯的一个朋友在怀尔德尼斯堡指导一些交互训练。到了午饭时间，这个训练员带着他的学员来到为演职人员提供餐食的怀尔德尼斯堡咖啡厅用餐。咖啡厅的墙上有一张巨大的横幅，上面写着“顾客满意度：

77%”。这个学员深感惊讶，于是问道：“为什么这个分数这么低？我本来还期望它会比这个高很多呢。”

这时训练员笑着说：“很显然，你不了解我们的系统。你知道大多数企业都有一个‘五级标准’，就是差劲、一般、很好、极好和出色。顾客会用它们对服务做出评价。当他们就顾客满意度进行反馈时，他们会用很好、极好和出色来表达他们对服务的满意程度。如果我们在‘乡间小屋’这样做，那我们的分数几乎每次都能达到97%~99%。如果员工觉得我们已经接近完美了，那他们还有什么动力促使自己提高呢？答案是：极少。在怀尔德尼斯堡，我们只把那些给我们评‘出色’的顾客算在内，这样我们每个人就都有进步和提高的空间。‘77%’意味着有这么多客人给了我们‘出色’的评价。这会带给我们进步的空间。”

人们很少会抬高你为他们设定的层级。如果他们觉得自己已经做到了“绝佳”的程度，那他们就不会再试着努力提高。

持续的进步就是卓越

你无法保持一成不变：要不就进步；要不就停滞，然后衰败下去——原地踏步就意味着走向衰败。那些不断进步并稳步提升的人才是最成功的人。你有多少次听过这样的故事：一个人以2.5万美元为生，足以支付账单并且过得相当舒适，后来有一天中了彩票，奖额高达数百万美元，但在三年内将钱花光，最终宣告破产。成功的关键在于你对自己做的事情几乎一直保持着一种稳定而持续的进步。中彩票的人并没有花时间和精力，或者获得赚取那笔钱所需的教育，因此，他们就不具备“留住”那笔钱的智慧。这同样适用于市场环境以及创造绝佳体验。拥有缓慢而稳定的品质，你才能不断复制和再生。持续的进步就是卓越的化身。

福里斯特研究机构发现，顾客体验质量的变化能够给一家大型互联网零售商带来 1.84 亿美元销售额的浮动。

每个人都可以提高。无论你是在零售业、咨询业、运输业，还是在互联网上创造各种体验，你和你的企业都必须提高，否则就会带来高昂的成本。福里斯特研究机构发现，顾客体验质量的变化能够给一家大型互联网零售商带来 1.84 亿美元销售额的浮动。我们的顾客一直在关注我们，所以他们值得被更好地对待。

做到绝佳！

美国是真正的“绝佳之国”。在世界历史上，从未有哪个国家能在如此短的时间内实现如此多的成就。“绝佳”应该一直都是骄傲的源泉！如果你实现了难以置信的目标，做到了不可能做到的事，或者只是表现出色，那就去庆祝。尽力成为你生来就该成为的人，不允许任何人让你因对自己的事业追求“绝佳”以及为他人创造绝佳体验而产生负罪感。

体验系数提问

公司有没有明确对实现卓越的承诺？这种追求是否在“I.C.A.R.E”五大原则的每个方面都有体现？

应对策略

卓越是对完美的追求，但它也意味着人们得明白完美是不可能实现的。在追求完美的过程中，我们知道自己达不到，可依然要做到卓越。

试试这个

◆ 为你或你的团队确定关于服务卓越性的5个具体品质。先分别记录下来，然后在接下来的一个季度、一年甚至三年的时间里深度观察它们的进展情况。我们已经在本书中提供了50多个品质，它们都是伴随这“五大原则”出现的。你应该继续运用我们的“体验系数”工具检测你所提供的整体体验，但要挑选出与你对卓越的定义密切相关的5个品质。

试试这个

◆ 创建一个“卓越仪”。这个假想的测量工具应该以1~10的等级标准判断任一行为的卓越程度，并且应该包含你所挑选出来的那5个服务卓越品质。

试试这个

◆ 确定企业中最有能力获得进步的人，出于领导者身份和你追求卓越的目的对他们进行关注。创建一个特殊的群组，里面的成员都很确信要把自己发展成为杰出人士，然后开始培养他们，以备未来发展之用。

绝佳特质之三：精神

如果你清楚自己的价值观，那么做决定就不难了。

——罗伊·E.迪士尼，迪士尼创始人之一

精神的意义远比品牌或口号重大。它是体验之所以支撑着员工、产品和服务的原因。精神是指你的公司代表的东西以及支撑体验的秘诀。它是你的品牌背后的特性，是你促成体验这份“食谱”的秘密成分。

迪士尼及每一个乐园的设计初衷都是要展现一场持续、鲜活而永久的“秀”。华特的梦想是要让每一位客人都成为这场“秀”的一部分：享受迪士尼的各种游乐景点和演出。为了落实这一想法，华特借鉴了他最熟悉的平台：电影。他把电影和酒店服务行业中的大量想法和术语（一如我们在“联系”原则下的第二条次级原则“审慎”中重点强调的那样）整合到了一起。

迪士尼的整个企业精神就是创造世界上最快乐的地方。这样的口号和意图在迪士尼的策略、目标和内部术语中都得到了体现。我们已经在其他章节中提到过这一点，它是迪士尼实施策略的一个核心方面。迪士尼乐园拥有的并不是顾客，而是“客人”；迪士尼员工不是受聘于某家公司、从事某项工作，而是对某场“演出”中的某个“角色”进行“试镜”；员工被称作“演职人员”，工作装也被称作“戏服”。这听起来可能很奇怪，但确实管用；而它也不只是运用不同的词语那么简单，而是真正将其中的含义和方式进行了拓展。我们甚至注意到，诸如塔吉特百货和Chick-fil-A快餐连锁等企业都采用“客人”一词来指代他们的顾客。当然，酒店业已经使用这个词语很多年了。

根据Genesys Global公司的一份研究，到目前为止，顾客提出的最多的改进要求（占40%）是“更好的人性化服务”。

使用“客人”和“顾客”这两个词语是讲求逻辑的。大多数公司将顾客与利益或金钱挂钩，所以当这种关联的概念被贯彻到一线员工身上的时候，它就会使互动变得没有人情味，而且这些员工通常只会把顾客作为货币符号来对待。根据Genesys Global公司的一份研究，到目前为止，顾客提出的最多的改进要求（占40%）是“更好的人性化服务”。我们的顾客只是希望能被更好地对待。他们值得这样的待遇，而这源于企业的内部精神。

当我们思考“客人”这个词的时候，我们会用一种新的眼光来看待顾客。这类似于你对待到你家拜访的朋友的方式：在他们来你家之前，你一定会全面大扫除，做一壶咖啡，甚至可能烘焙一些布朗尼蛋糕或饼干，再进行一番布置，然后迎接他们，并给他们提供一个舒服的地方坐着 。大多数情况下，“客人”这个词很容易被用来替代“顾客”，而且这只会用于改进我们认识和对待他们的方式。这是一种意识和精神，却可以在很大程度上用简单的词语体现。

你为什么做这件事

对于尽力追求的事情，你可能会问自己的一个最重要的问题就是“为什么”。知道“为什么”的好处在于它定义了“什么”、“怎么样”和“谁”。你的“为什么”就是实现“绝佳”的基础。

通过对它的抽丝剥茧，你会发现这个“为什么”指的就是你的目的，即你做任何事情的原因。如果你的“为什么”足够强大，那么一切皆有可能发生。这是一个很重要的特质，因为你的“为什么”会影响和指引你的选择。马克·吐温在观察的时候将这层意思诠释得最好，“你的人生中最重要的两天，就是你出生的那天和你找到原因的那天”。如果你的“为什么”得到了很好的定义，那你就可以在你目的范围之内，自由地做你想做的事情。通过这种方式来了解你的目的，这会证明你做事明确。

这本书的目标就是要提供这个“为什么”，也就是这个目的，即你追求卓越的原因。换句话说，我们要如何帮助你提升到更高的一级？这首先要从你“为什么”渴望成为“绝佳”入手。你必须找到自己热爱的事情，以及你会承诺的事情，它要比你自己重要。找出你的目的，也就是你存在的理由。这种精神会使得你和你的企业在全世界面前显得卓尔不群。

体验系数提问

在企业创造的品牌和体验背后，是否存在一个明确的精神（你的“为什么”）？

应对策略

我们可以回答的最有力的问题就是“为什么”。我们所做的一切事情都是以我们为什么做这件事为核心。

试试这个

◆ 回到基本问题。每个季度和你的团队、部门或整个企业召开会议，集思广益解决下面的问题：

1. 顾客为什么会用我们的产品或服务？

2. 我们为什么创造这个产品或服务？

3. 我们为什么渴望为顾客创造一种绝佳体验？

试试这个

◆ 从下个月开始，每次在称呼或指代顾客的时候，试着称他们为“客人”。再下个月，试着引进“上台”的概念，作为定义职业精神的一种方式。试着创造自己的知识产权和术语，以备后用；然后观察大家在提供体验的过程中整体的自豪感和目的感。

试试这个

◆ 找出你在公司里做得比任何人都好的一件事（无论作为个体还是团队）。试问自己做了什么使你变得如此出色，以及你要怎样把这一点运用到你所提供的服务的其他方面。更重要的是要问自己：你要怎样激励他人，将他们的服务提升到你的层级。要记住，一般来说，当人们在做自己擅长的事情时，他们的目的性最强。

绝佳特质之四：担责

责任感带来响应能力。

——斯蒂芬·科维，《高效能人士的七个习惯》作者

责任感和所有权意思相近。无论你是一名独立的企业所有者还是一家企业的数千员工之一，你都无法形成有效的策略或无法实现可达成的目标，除非有人支持你提过的目标，或者让某人对后果负责。有多少次是经理会分配一个项目给“每个人”？我们

大多数人都非常清楚这样一个道理：当“每个人”都负责任的时候，这就相当于没有人负责。如果有意地追求绝佳体验，就一定要求某个人总是对成功或失败负责。

共同还是自有

“共同担责”与“自担责任”之间存在着显著的差别，后者是单方面的。有人想和你一起去一个目的地，但他不一定是被迫这么做的。这种理念不只停留在文字上。“共同”意味着大家一起做事情，而“自有”则预示着某人在做所有的事情，另一个人只是陪在旁边而已。有的时候，责任感只是定期的交流，不一定在讨论有意义的事情，而只是在聊天。由Therkelsen和Fiebich公司共同进行的一项研究显示，单纯通过提高员工与他们直属主管之间的交流频率，员工满意度就可以提高50%。

由Therkelsen和Fiebich公司共同进行的一项研究显示，单纯通过提高员工与他们直属主管之间的交流频率，员工满意度就可以提高50%。

布鲁斯喜欢讲一个发生在他年轻时任职于IBM的故事。公司的一个顶尖营销员搞砸了一桩生意，导致公司亏损了5万美元。尽管这笔钱在现在看来不是很多，但对于发展初期的IBM来说是一笔不小的数目，而这几乎毁了整个公司。第二天，创始人兼总裁汤姆·沃森把这个年轻的营销员叫到他的办公室。这个年轻人说:“我猜你会解雇我。”沃森大声回应道:“解雇你?不会的,你可是公司最有价值的营销员。你绝不会再犯这样的错误!现在,我想让你告诉其他人,如何避免再犯这样的错误。”这个故事就是一个阐述乐观态度和共同担责的绝佳事例。

只要求别人还是以身作则

华特·迪士尼是少有的兼具创造力和组织力的人。他期望在每个职员身上都能看到卓越的品质,并且让他们各担其责,为此,他自己首先成为一名具有永恒的乐观精神、承诺努力工作和热衷于精准做事的“体验大使”,以此来实现卓越。华特深知自己不能什么都不做就要求员工实现卓越,而是要由己及人地创造卓越。

责任感对于任何一家企业的成功都至关重要。任何项目、产品或进程的最终成就一直与策略与对行动担责的方法之间的关系紧密相关。

“随便走走管理学”

华特深知要去了解他的客人。他注意到,迪士尼乐园的很多主管和经理在午休时间都会在办公桌上吃饭,更有甚者直接去内部餐厅吃饭。在发现这一点后,他立刻改变了政策。华特希望每个主管都能走出办公室,在乐园里吃午餐,和客人交谈,然后了解他们:他们来自哪里、喜欢或不喜欢“迪士尼体验”的哪些部分等。还有比这更好的方式来找出什么有效和什么不管用吗？

华特是个完美主义者。他知道迪士尼要想成功，领导者就必须花时间观察、培养和教导演职人员，而且天天如此。我们认为，他很可能就是20世纪50年代兴起的“随便走走管理学”的缔造者。对企业领导者来说，你不能只是坐在椅子上就想着实现卓越，而是要走出去，和员工一起担责。

体验系数提问

企业中是否存在一个关于担责的明确方法？这种用于表现卓越的担责系统有多强大？

应对策略

责任感是一种测量方法，会帮助我们实现我们在追求的结果。

试试这个

◆ 创建一个系统，即领导者要对员工负责。它并不一定非常正式，但得是一种能够展示目标实现情况或绩效指标的方法。运用这个系统，企业员工能对领导者是否有较高的执行力拥有清楚的认识。

试试这个

◆ 认定一个了解你在企业中从事的特定角色的人，然后定期和他或她就目标的制定和实现、服务的卓越性以及自身发展等方面的担责进行当面讨论。领导者应该持鼓励的态度，并且在某些情况下还要推动这些变化在企业内部发生。

试试这个

◆ 将它列为首要因素，甚至不惜下达命令：每个领导者每周都要花些时间在员工和客户群体上。这是最好的观察方式，大家一同担责，并且确保领导者知道大家正在提供给顾客和企业员工的是哪一级体验。

绝佳特质之五：团队协作

个体对集体的付出，是一个团体得以运转的基础，小到一个团队，大到一家公司、一个社会乃至一种文明都是如此。

——文斯·隆巴尔迪，美国著名橄榄球教练

我们相信，为了实现一个伟大的目标，每个人都注定会与他人合作。有人可能认为我们在过分美化自己在市场环境中的“工作者”身份和“体验大使”身份，可我们不这么认为。有这样一条格言始终指导着我们的生活：我们可以成为我们想成为的任何人。我们不是想用这条格言给任何人洗脑，而是想推介一种更加令人振奋的想法：与其说成为你想成为的任何人，莫不如说爱上一个你注定要成为的那个人。

我们每个人生来就有一套品质存在于我们的DNA中，它们专属于你自己。为自己和同事们找出这些专属的品质就需要“绝佳特质”中的一项——团队协作。一个团队要协同合作，才能创造一种绝佳体验。在创造绝佳体验的“策略音乐会”上，你无法只靠自己这部“曲子”来完成一整部卓越的“乐章”。

雇用合适的人

在雇用合适员工这一点上，迪士尼可谓开了先河。华特迪士尼世界的选角中心首次启用，布鲁斯就在那里工作过。在他任职的那一年里，他雇用了500多个演职人员。他会不断在一名潜在员工身上寻找重要品质，包括强大的目标定位、正确的态度以及服务他人的渴望。他们是否拥有迪士尼企业对员工的期待，包括品貌兼优、外向、友好和热情？他们是否渴望努力工作，尽力做到最好？他们有没有一生中很想实现的特定目标？如果他们不具备以上这些品质，那么布鲁斯通常会觉得他们并不适合在华特迪士尼世界工作。

布鲁斯采用了很多其他经理人都会用的方式：在决定是否雇用他人的时候，大家首先考虑的是态度，然后再看对方的知识和技能储备。一个好的训练师会教你技能，并且为你提供做好这份工作所需的必备知识，但没人能改变你的个性。在NBA，有一个流传已久的球探格言是这样说的：“你无法训练球员的身高。”所以我们认为，你可以雇用那些具有正确态度和期望的人，然后再教他们那些无形的技能、知识和方法。如果这个人在被雇用前就表现出易怒、粗鲁、傲慢或消极的性格，那他或她在进入团队后就很可能是有相应表现的那种人。

我们有多少次发现一个用心良苦的经理人基于技能的考虑而雇用了某个人，到后来却发觉这个人与整个团队格格不入，甚至完全破坏了团队的协作？拥有良好态度的同事的重要性已无须多言，因为只有这样的人才能与每个团队成员融洽相处。

根据伍德联合会的一项研究，劳累过度是员工流动的第一大要因，而员工流动会给一家企业制造占其年度预算 5.8% 的高额成本。

不是每个申请公司职位的人都能很好地适应公司或这份工作。在一开始就了解这一事实远比在过程中才了解要好得多。根据伍德联合会的一项研究，劳累过度是员工流动的第一大要因，而员工流动会给一家企业制造占其年度预算 5.8% 的高额成本。因此，雇用合适的人就是在确保一个团队各负其责，即产生协同作用，而且带来的效益也会非常巨大。这不只体现在顾客体验上，企业的收益也会如此。

华特迪士尼世界在 1971 年启用的时候，就同一份工作而言，每 12 个“试镜”申请人中仅有一个被录取。这就意味着乐园享有可以精挑细选他们的雇用对象的自由。到了 1989 年，这一比率发生了重大变化——几乎是在每两个申请人中就能录取一个。

这清楚地表明，1989年新雇用的员工的素质没有1971年雇用的员工素质高。现在这一数字为“每4.5个人中有1个人被录取”，我认为这一比率应该是合适的。在那些新的雇员中，有的人继续提升自我，成为领导者、主管和经理。无论对于迪士尼还是你的公司，关键在于要雇用合适的员工，以及一开始就在合适的位置上雇用最合适的人。

雇用你的目标客户

如果你能培养一名能够为你的顾客创造绝佳体验的员工，那这个人会是谁？答案很简单：就是顾客自己。他们知道自己想要的东西，也知道如何跟自己和那些像他们一样的人沟通，而且还会对那些与他们拥有同样渴望和需求的人表达同感。

在为这本书做研究的过程中，我有幸与拖拉机供给公司前CEO乔·斯卡利特共事。有一天我们来到他们公司下属的一个工厂，乔向我介绍其中的一些员工和经理。让人惊讶的是，他们每个人几乎都在农场长大，或者在成长过程中充分地体验过一种乡村生活。这就是一个关于团队协作类型的绝佳事例，而且它应该出现在你的企业中。如果你雇用的那些人的想法、生活方式和购买方式都和你的客户一样，那么你提供的体验就一定会得到提升。

“选角”

受聘于迪士尼的员工都有一个特定的角色。迪士尼没有“工作”，而是每个演职人员通过试镜被选入“迪士尼大秀”，在其中出演某个角色或某“部分”。甚至“选角中心”也会让潜在员工扮演他们作为迪士尼演职人员将要出演的角色。在“布纳维斯塔湖小镇”，“选角中心”——按演职人员的说法即“阿盖尔大厦”本身就充满奇幻。它由世界知名建筑师罗伯特·斯特恩设计，在给新员工留下深刻印象的同时，也让他们看到迪士尼是一个多么奇妙的工作场所。大厦内侧的墙壁末端形成一个长坡，直接延伸至二楼，在上面展示着各种千奇百怪的迪士尼卡通人物壁画，而他们的塑像也矗立在柱子的顶端。

当然，并不是所有的公司都能雇得起世界一流的建筑师来设计他们的营业场所。但任何一家企业都能用他们的行动和话语传递自己的精神和价值观，无论是在企业内部还是面向全世界。

绿面朝上

最近，我们有机会跟布鲁斯的亲密好友和导师之一——斯宾塞·克雷格坐在一起交谈。克雷格博士最为知名的便是他在华特迪士尼公司商品部创造的工作业绩以及前迪士尼大学经理的身份。他给我们讲了一个故事，它发生在 1971 年华特迪士尼世界的“当代度假酒店”盛大开幕的前一晚。当时，为了确保酒店准时开幕，整个管理团队都必须来铺设草皮。这场煎熬一直持续到第二天早上，这时候疲惫袭来。简而言之，那些铺草皮的人都煎熬到难以把专注力用于他们铺草皮的质量。

度过这场煎熬之后，迪克·努尼斯（后来的迪士尼总裁，当时是斯宾塞的上司）送给团队每个人一件T恤，上面印着这样一句话："绿面朝上！" 这句口号既是对整个团队的努力的纪念，也代表着他们在这一努力的过程中所付出的辛劳。这就是关于挑选合适人选的一个绝佳事例：这些团队成员不会允许因为在该有草皮的地方缺少草皮而影响未来客人的体验，而且他们愿意扔掉自己的职位头衔和工作安排，只想把这份工作做好。这就是员工对卓越和体验的一种承诺，而且可以通过培训和鼓励获得，但前提常常是先受到雇用，然后再进行培养。

强调雇用合适人选，从而建立合适的团队，这对迪士尼来说是最为重要的。现在，这也应该是你的企业最为重要的一件事。作为一支团队，我们必须能够团结起来，在准备好联系顾客之前先要联系我们的前线员工。要记住，实现卓越，你不只有一次机会，但在帮助员工找到自己的使命，以及在团队中建立能够打开一种难以置信的服务体验的关系这两个方面，你确实只有一次机会。

体验系数提问

你是否感觉到，为了准确提供你的服务体验，你在合适的时间和地点找到了合适的人？

应对策略

我们获得成功的程度首先取决于对团队成员的挑选，其次是团队能够协同合作、彼此支持。

试试这个

◆ 针对你的典型客户做一个简介，然后把它作为雇用具有类似特性的人的先决条件。寻找那些与你创造的体验相符的人。雇用那些和顾客拥有相同的价值观、需求和喜好的人，然后你就能看到体验会上升到一个你从未想过的层级。

试试这个

◆ 每个季度一次，把团队成员聚集到一起，然后创建一个用来提升各自优势的实践活动。每个人都能在团队里找到适合自己的位置。从某种程度上说，每个人都是为伟大而生的。我们要为员工的优势和在团队中的合适位置感到庆幸。想办法教导整个团队、部门或企业：要依靠团队中每个人的特性去行动。

试试这个

◆ 每个季度一次，把公司或团队中的成员聚到一起，一同享受乐趣。工作可以很有趣，但让每个人跳脱工作之外，去享受美好时光和参加团建活动，也是极为必要的。

绝佳特质之六：投资

当人们得到治愈，并开始对别人投资的时候，世界就会发生变化。

——迈克尔·W.史密斯，美国歌手

你能为自己或其他任何人做的最重要的事情之一就是对他们进行投资。生命在于成长和进步。如果你没在帮助别人成长，就会给整个企业带来一种空虚感。“退化”一词用在这里很合适：如果你不用它，你就相当于失去了它。例如，如果你把胳膊绑在身体上并维持6个月的时间，在这期间从来不用，那么胳膊上的肌肉就会退化，甚至很可能在你今后的生活中变得毫无用处。

大脑的内部组件也同样如此。大脑存在着很多区域和不同形式的刺激，它们的发生可以而且应该帮助团队成长。对这些组件加以投资，从而避免在意识和精神上的退化，这是领导者的责任。正如肌肉一样，你的大脑也必须定期接受挑战，进行发散和锻炼。

投资员工

投资指的是你对员工和体验提供者投入的精力、培养、爱和鼓励的程度。你的员工会以其被对待的方式来对待你的顾客，所以对员工的投资和对顾客的投资一定要对等。你的首要目标就是要提升自己和他人，而通过对时间、远见和知识的不断投资，你就能实现这一点。

最近我们在投资回报率研究所从事的一项研究中发现，只有8%的CEO会重视他们在领导力发展项目以及如何提高企业绩效和留任员工上的投资。

最近我们在投资回报率研究所从事的一项研究中发现，只有8%的CEO会重视他们在领导力发展项目以及如何提高企业绩效和留任员工上的投资。

如果你致力于并有意投资你的员工和同事，而且一直这么做，那你就一定会看到投资的回报。你必须要日复一日地坚持做基本且正确的事，并且有意地衡量结果。

没有象牙塔

我曾有幸和拖拉机供给公司前CEO乔·斯卡利特共事过。那是一段美妙的时光。这家公司不仅是提供外部体验的行家之一，而且还掌握了培养企业“内部大使”和投资内部体验的艺术。所以在乔任职于拖拉机供给公司期间，公司营业额由3.3亿美元（1994年）增长到超过24亿美元（2006年）。当被问到这是如何发生的时候，乔说他相信员工、顾客以及为“农场爱好者”创造的绝佳体验。

乔还向我解释了公司在了解、支持和投资领导者与员工方面的认知，以及用于田纳西州布伦特伍德市总部的术语。拖拉机供给公司的员工不会把它叫作“总部”，而是称之为“实体店支持中心”。那里没有象牙塔。这听起来难道不像是一家你想合作的公司吗？

无私的自私

励志思想家厄尔·南丁格尔曾说过，如果你每天拿出一小时的时间研究任何一个话题，天天如此，那么5年后你就会像这个领域中的任何一个专家一样博学多才。它又一次表达了一贯性和意图性会给你带来成功的理念。这也是人们成为专家、员工，成为“大使”的方式。如果你和你的企业致力于培养专家和“大使”，那么这种投资自然就会产生一种更棒的内部及外部体验，并且体现在企业的发展过程中。

关于投资他人，我们想要强调这样一个概念：“无私的自私”。这意味着要训练你的大脑，对自己和企业进行投资，使其成为你的文化和口号，然后反馈到那些服务于企业和顾客的人身上。人生不在于你得到了什么，而在于你付出的东西让你获得了成功。那些常常感到非常快乐、满足和收获颇丰的人就是那些投资到别人身上、帮助他们获得成功的人。这个“无私的自私”的想法是所向披靡的。你不妨试试。

体验系数提问

员工觉得他们在个人和职业上获得培养、鼓励和投资的程度如何?

应对策略

投资自己和他人的能力会带来回报，这种回报要强于任何一种资金投资。

试试这个

◆ 参加一个“每月一书读友会”或“每季一书读友会”。团队或企业(代表团队)中的每个成员都要买一本励志性或指导性书籍，它们会使企业的整体执行力情况得到改善，员工个人得到发展。

试试这个

◆ 每月或每季度树立一个认知计划。想办法定期创造竞争环境，设立竞赛及奖金，最后进行总结。让奖品和企业需要的结果与企业策略挂钩。对每个人来说，这都是双赢的结果!

试试这个

◆ 对员工群体进行调查，尤其询问他们如何看待自己，或者想成为哪方面的专家。然后在这种竞争环境中尽力为他们准备，指导和培养他们。你拥有的精英越多，就越有机会拥有一家因为自己给顾客提供的体验而感到骄傲的企业。

绝佳特质之七：培训

卓越是通过培训和习惯形成的一门艺术。

——亚里士多德，古希腊哲学家

迪士尼能完好地保持它的卓越水准，凭借的是他们投资员工的承诺以及持续不断的培训。当布鲁斯在迪士尼创造了一个名为“卓越服务协调员”的职位时，他独创出“演员排练班”这一模式。为了使迪士尼演职人员保持快而高的水准，班级领导者会定期对演职人员及其角色进行排练，从而使演出顺利进行，并且明确他们对卓越的期望。这一想法是要让迪士尼的每个演职人员都怀有自豪感，因为这总会通过他们在台上的演出表现出来。参加一次“演员排练班”的演职人员通常不超过 5 人，而且他们会按照一对一的方式进行更为个性化的培训和培养。

“体验大使”一定要做好准备。否则，你无法让他们对体验的执行情况负责。培训是我们所能采用的最具意图性的方式之一。它能让我们建立期望，同时也能创建一个模型，让我们了解领导者想从每个员工身上看到的东西。没有培训，迪士尼和其他无数个“绝佳”的品牌企业将无法像现在这样保持一致或有效。

清楚自己做的事

实现体验的一个重要部分是拥有那些对表演和可交付性产品和服务无所不知的员工。几乎没有什么事情会比这种情形更令顾客沮丧：询问一个员工关于产品或服务的事情，可得到的回应却是“我不知道”。更易接受的说法可以是这样：“我不确定，但我会去确认。”然而，如果这些员工并不擅长他们的工作领域，那首要的问题是：他们为什么会在那里和你的顾客互动呢？

布鲁斯欣赏迪士尼的其中一点在于，每个员工都被灌输了品牌的历史和文化。通过教导，他们知道了华特如何在1923年白手起家，以及如今他们所在的是一家多么伟大的公司。过去，布鲁斯常常对新来的演职人员说：“你们工作的第一天应该是你们最兴奋的时刻，因为你们终于成为这家伟大公司的一员。”这种内部体验为迪士尼演职人员设定了基调，让他们对知识有某种渴求感，也让他们成为迪士尼真正的“代言大使”。员工准备得越充分，你就越有机会提供绝佳体验。

点的串联

你公司里的每个员工都需要知道他们的工作如何直接与顾客满意度挂钩。他们需要能够把这些点串联起来，并确定他们的努力是如何直接与那些直面顾客的人产生联系或为他们提供支持。

我们喜欢谈论定制体验，但我们的顾客最想看到的是能力和知识。Genesys Global公司的一份研究显示，78%的消费者倾向于有能力的服务，而不是定制化的服务。能力来自准备和培训，而这又会带来一种具有坚实基础的体验。

Genesys Global公司的一份研究显示，78%的消费者倾向于有能力的服务，而不是定制化的服务。

培训

在培训方面，迪士尼付出了大量的时间和努力。建立“传统”之后，新员工会被派到他们将要工作的地方，然后，培训师会花一天时间将他们介绍给同事，并且向他们展示有关他们新的工作地点的一切事宜。他们会讨论职责和做事方法。培训往往会持续一两周时间，然后新员工要接受测试，检验他们是否清楚自己的职责，以及能否被安排上岗。

对一名新的演职人员来说，这些就是最重要的日子之一。显然，迪士尼非常重视对公司里的任何一个角色或职位的塑造。从过去到现在，迪士尼对那些角色都有特定的期望，即要求每个演职人员要友好、保持微笑、进行眼神交流、和客人打招呼或表示欢迎、有礼貌、提供帮助以及在每位客人离开时都要对他们表达感谢之意。在那些技能中，有一些对于很多新加入迪士尼团队的演职人员来说并不常见。

这就是迪士尼的“高强度训练”。新的演职人员不仅必须要学会有关他们新工作的一切，而且还必须学会并不断展现“迪士尼方式”，即真诚而友好地对待每一位客人。每个新的演职人员被雇用，是因为他们适合迪士尼在服务和卓越上的模式。然而，缺少恰当的培训和准备，新的演职人员就不可能做好一个迪士尼演职人员的工作。

持续的培训

大多数人口中的“持续的培训”，到布鲁斯那里则成了“排练演出”。对任何一个职员来说，无论你在一个岗位上工作了多久，它都会变得常规、无趣而无聊。换句话说，它就变成了一场“差劲的表演”。当演职人员接受完初期培训，而且在这份工作上做了6个月到一年的时间以后，为了确保演出进展顺利而提供额外的、深入的培训将会非常有益。企业内部体验的一部分就是让员工觉得他们很重要。InteliSpend公司的一项调查显示，39%的员工会觉得自己在工作中不被看好，而77%的员工会在报告中说，如果他们觉得自己得到了更多认可，他们就会更努力地工作。我们一定要投资、认可和授权给我们的员工。也许没有一种更好的方式让我们获得一种积极的内部体验，除了一

InteliSpend公司的一项调查显示，39%的员工会觉得自己在工作中不被看好，而77%的员工会在报告中说，如果他们觉得自己得到了更多认可，他们就会更努力地工作。

种渠道，即通过培训提升员工。

军队把这种方式叫作“训练”和“战争游戏”。在迪士尼，它们则被称为“排练”。除了带有培训的含义外，这还意味着要让职员做好准备，应对任何可能发生的情况。在这些情况中，角色扮演提供了一个非常好的机会，可以用来培训演职人员在面对暴风雨、断电、意外事故、疏散以及其他一系列可能严重影响他们工作的未知情况时的做法。没有持续的进修培训，很多演职人员就很难做好应对大事件的准备，而这可能同样会发生在你的员工身上。

可教性

无论是前线员工还是管理层，我们都必须向他人学习。没有人优秀到能够完全凭借一己之力做到全部。其他人会给予我们帮助，并且通过案例告诉我们管用与不管用的部分。在前进的道路上，我们都需要向导和导师。他们会充当教练的角色，为我们制定方针和界限，让我们保持专注并确定方向。真正擅长提供体验以及拥有很高智慧的人就是那些在这一过程中获得真理和真正理解其本质的人。那些无所不知的人会表现出一种傲慢，让人感到不可教导。只有那些有受教之心的人才是那些能够成长的人。

体验系数提问

企业是否在提供合适的培训，用于个人发展和培养创造积极的顾客体验所需的责任?

应对策略

培训的本质就是描绘出企业将要提供的某种体验背后的蓝图。它也是通往你最终将要提供给顾客的卓越层级的路线图。

试试这个

◆ 审查当前采用的培训项目，并找出一个会变得更加重要的关键组成部分。我们不妨扪心自问:“为了在这个重要领域进行更有效的培训领导者需要做什么？”把专注力放在为员工和客户创造一种更棒的体验这一终极目标上。

试试这个

◆ 鼓励并支付外来教育，这是一种能够更好地提升员工的方式。无论它是高等教育、继续教育还是具有资格证明的教育，员工会通过这种来自企业的鼓励和承诺而获得更好的体验。

试试这个

◆ 要对你在继续教育和培训上的层级有特殊的认识。迪士尼有“迪士尼大学”，你有什么呢？要认识到渴望成长和获取知识的必要性。通过格言、实践、反思以及其他各种意识上的策略加以鼓励。

绝佳特质之八：发展

员工的成长和发展是领导者的最高使命。

——哈维·费尔斯通，美国橡胶大王

一切成长都来自不满和渴望。只要你还满足于现状，那你就永远找不到改变的理由。你无法变成你注定要成为的样子，直到你第一次发现自己对当下所处的情况感到不满。因此，只有在员工对成长没有渴望的时候，员工的个人和工作提升才成为问题。

个人发展的基础在于自律。我们大多数人都不是以跃进的方式成长，而是逐渐进步的，我们称其为“婴儿蹒跚式步骤”。为了保持个人成长，我们通常会通过循序渐进的方式实现，即先设定一个坚实的基础，然后一步步地在此基础上自我提升。我们既然不会要求企业在体验层级上一次提升不止一层，那么也不该期望人在一夜之间就具备实现卓越的所有品质。这些“婴儿蹒跚式步骤”可以通过发展和跟从特定的目标、做出恰当的承诺以及每日自律地实践来实施。

这样一来，你就一定会具备改变的热情。如果对未来没有激情，你很难想象亨利·福特、托马斯·爱迪生、华特·迪士尼、约翰·洛克菲勒和J.P.摩根能够成就他们的事业。这就是激励他们不断发展自己事业的动力。当我们齐心协力、决心要实现卓越的时候，终极改变就会发生，无论在个人还是工作层面。

我们每个人都具备达到绝佳的能力。你和你的员工首先要做的，就是找出那股隐藏的力量，然后把它展示出来。如果你已经认识到它的存在，那你就已经领先别人了。但是，只有先慎重地做出决定，即在企业内部培养人才、技能和绝佳特质，你才能够将它施展出来。

拥有长期目标的人

1953 年，一群研究学者对哈佛商学院的毕业班进行了采访。他们发现，只有 3%的毕业生早就拥有长远、明确和特定的目标，10%的毕业生只有“一般目标”，其余 87%的毕业生除了从商学院毕业，就没有别的目标了。这些研究学者和毕业生们都保持着联系，直到 1978 年，即 25 年后，他们又对这班毕业生进行了采访。结果大大出乎我们的意料：那 3%的拥有长远、明确和特定目标的毕业生，其净资产远超其余 97%的毕业生净资产的总和。这一数据让人难以置信，毕竟在那 97%的毕业生中，有很多人本身都具备取得成功的潜质。

1953 年，一群研究学者对哈佛商学院的毕业班进行了采访。他们发现，只有 3%的毕业生早就拥有长远、明确和特定的目标，10%的毕业生只有“一般目标”，其余 87%的毕业生除了从商学院毕业，就没有别的目标了。

找到适合自己做的事情，意

味着你要去寻找自己注定要做的事情，并且全心全意为此努力。拥有定位明确的书面目标会帮助你实现这一点。

重要的学徒培训

让员工们在文化和策略方面达成共识的最佳方式，就是让那些已经掌握内部技巧的人帮助新员工适应各自的角色。

根据阿伯丁集团的研究，有 89%的雇主会觉得员工离开是因为其他公司给的薪水更高，但实际上只有 12%的员工在下一家公司赚得比之前多。员工通常不是离开公司，而是离开他们的老板，其原因在于缺乏沟通或没有发展空间。所以学徒培训的理念是：首先教导他们，然后向他们具体展示如何完成工作，最后观察他们的实践情况。这种“先教导，再展示，最后观察”的方法并不新鲜，迪士尼和其他伟大企业采用这种方法已经有几十年了。

根据阿伯丁集团的研究，有 89%的雇主会觉得员工离开是因为其他公司给的薪水更高，但实际上只有 12%的员工在下一家公司赚得比之前多。

当我们在描述人的发展情况时，“学徒”一词用在这里就很恰当了。如果你有一个具体的有关卓越的标准和一种建立在强大的文化概念之上的精神，那么学徒培训就是复制你的最优秀员工的最佳方式。的确，它是创立“内部大使”的唯一途径。“学徒”一词的含义是指跟从其他人的信条或想法的学生或拥护者。我们没必要说得太远，你要做的只是培养能提供这种体验的学徒。但在将员工转化为“大使”的这个过程中，学徒培训的概念是一个已经获得证明的方法，它对于培养企业未来人才的价值将无法估量。

体验系数提问

在你的培训项目中，有没有一种学徒培训和目标执行系统？

应对策略

员工和领导者都获得发展，这是一个伟大企业的标志。

试试这个

◆ 明确你或团队不太热衷的一点。专注于那些对顾客体验产生直接影响的部分。在接下来的30天内，努力提高你的执行程度、热情以及承诺你将让这一不甚满意的部分变好。如果你可以把你不热衷的部分做好，那你就真正能够创造绝佳体验。

试试这个

◆ 选择一个对你而言很重要的项目或目标。运用“聪明目标”（S.M.A.R.T.）原则：

S：特定性（Specific）——它应该是有明确定义的。

M：估测性（Measurable）——制定一个能够衡量你的进展程度的方式。

A：可行性（Achievable）——让它可行。

R：相关性（Relevant）——它对你重要吗？会使你与众不同吗？

T：时效性（Time framed）——它有起始日期吗？

试试这个

◆ 在企业中推广“双人学徒培训（人才复制）”方案。领导者应该在企业中找出能够运用他们自己的指导和支持的员工。在询问他们是否需要帮助之前，先向他们提供对他们的工作或态度有帮助的想法或建议。如果他们乐于接受并且实行了你的想法，而你也感觉跟对方产生了某种联系，这时再问他们是否感兴趣接受你给他们设定的个人定位。指导就是把知道的事情传递出去，以及对别人投资，就如别人对你投资的那样。

绝佳特质之九：非凡

人们无意要成为非凡之人，而是决意要做成非凡之事。

——埃德蒙·希拉里，世界著名登山家

人们理应获得一种更好的体验。如果我们相信这一点，那么绝佳体验就有可能出现。努力实现非凡本身就是一个独特的壮举。在我们为写这本书所做的研究以及写书的过程中，我们就已经确定了一些额外的东西，它们是某些企业（如迪士尼）具备并且为之奋斗以使自己与众不同的品质。这些企业相信，人们理应获得更好的对待，而这些品质会给他们提供通往非凡的路径。

梦想

每一位伟大的创新者和企业家一开始都会受到嘲笑、鄙视，甚至会被贴上失败的标签，想想诸如华特·迪士尼、亨利·福特、托马斯·爱迪生、本杰明·富兰克林、阿尔伯特·爱因斯坦、亚历山大·格雷厄姆·贝尔等数百名伟人所经历的事情。他们所有人都听过无数次这样的说法，即他们的梦想不切实际、浪费时间。然而，如果他们不具备坚持不懈的决心和充满远见等品质，我们就不会拥有那些世界上最伟大的想法和发明。

据称，人在5岁的时候创造能力最强，但到21岁的时候就失去了其中95%的创造力。

梦想和实现梦想的动力都是无价的。据称，人在5岁的时候创造能力最强，但到21岁的时候就失去了其中95%的创造力。在5岁到21岁之间发生了什么？答案是：结构性教育。我们的教育体系一直在判断对错这方面设定界限，而且所有事情都必须符合教育者的期望。所以，起初爱因斯坦和爱迪生被贴上失败的标签，就是因为他们并不符合大众的一般认知。

据传，1843 年，美国专利局颁布命令不允许有多余的专利出现，因为他们觉得没有什么领域需要设置专利了，一切需要被发明的东西都已经诞生。后来这一观念完全转变，是因为时任美国专利局局长的查尔斯 · H. 迪尤尔说："我们在未来取得的进步和成功取决于我们在科学、工业和商业上的扩大与提高能够与其他国家媲美。所以，我们必须把发明创新转变为实现上述结果的最有力的辅助手段之一。"如你所见，梦想就是发明的催化剂。

我们大脑中被称作"前额叶皮质"的部分控制的是执行性功能，包括决策的制定、对未来的思考、愿景的制定、朝着一个既定的目标奋斗以及一系列与内在目标相一致的举动。换句话说，这部分大脑承载着繁重的工作，既要制定和追求目标，又负责将对未来的期待变成现实。

正如人体的大多数肌肉一样，如果你不锻炼这一特定部分的话，它们就会萎缩。同理可知，如果你不锻炼自己的"愿景肌肉"，那你就会丧失追求伟大梦想的能力，自然也就失去了将那些梦想变成现实的能力。

创新

创新通常起始于打破常规。如果你知道你的部门、公司和行业哪里出了错，那么现在就是采取一些行动的时候了。比如，你可以开始写能够举例说明如何将服务、产品和顾客与 21 世纪接轨的博客、文章或手册；学习每一个伟大的发明家和企业家的做法，即找到某种需要，然后满足它；还有更好的行动是，创造一种需要，使整个市场惊讶不已。我们要不断问自己：这如何能够得到改善？

布鲁斯有个好朋友叫迈克尔·勒伯夫，他是布鲁斯写自己的第一本书《一分钟优质服务》时的灵感之源。迈克尔之前是新奥尔良大学的一名管理学教授。他建议每个人每天都问自己两个问题："我们今天怎么样"和"我们怎么能变得更好"。你能想象，如果你能以某种形式向每一位顾客、每一名同事和你的老板问这两个问题，那你周围的世界会得到怎样的改进？如果真是这样，那么对于你、你的成长和潜力而言，没有天花板。

俗话说，"不入虎穴，焉得虎子"，这一点也不假。如果你总是停留在第一层上，那么你将永远到达不了第二阶段。要记住，生命中最伟大的成功通常建立在最伟大的失败的基础上。冒险是成功的一个重要部分。请记住，停在港湾的船是安全的，但它将永远无法实现它作为一条船的使命。你无法想象一架 747 喷气式飞机行驶在州际公路上。你天生就具备某些天赋，那么你的人生目标就是要寻找这些天赋，并且充分利用它们。快去创新吧！

额外的一英里

你可能不知道"额外的一英里"的来源。两千年前，罗马统治了当时已知的世界。其中一块被征服的领土叫作犹太，现在是以色列的所在地。罗马人制定了一项法律：任何一名罗马士兵都可以命令一个犹太男孩扛着这名士兵的背包行进一英里。一般来说，一名罗马士兵的背包重达六七十磅，几乎等同于犹太男孩的体重。然而，但凡有一个犹太男孩拒绝这么做，那他就会被立刻处死。

于是当地的拉比（犹太人中的一个特殊阶层，学者或智者）聚在一起商讨，最终给所有的犹太男孩颁布了一项法令。该法令表示，犹太男孩必须扛着背包行进一英里，但在这一英里即将走完的时候，男孩要礼貌地问，“我能再为您扛一英里的背包吗？”在第一个英里内，罗马士兵是完全享有控制权的，因为他有那个权力。但谁又享有第二个英里的控制权呢？就是那个犹太男孩，因为他出于自己的个人意志，选择去走那“额外的一英里”。所以，我们常常要做出选择，去走那额外的一英里，去做那些不起眼的小事。这种选择常常会制造巨大的不同，也会让我们把命运牢牢掌握在自己手中！

大多数人不愿意多走那“额外的一英里”。如果你选择去做别人不愿多花费时间去做的事情，那么你不会发觉有太多竞争。你不需要先当上明星、百万富翁或公司总裁才能走那“额外的一英里”。那些因为不愿意停留在“一般”层级而选择谦逊又努力工作的人每天都会这么做。

“额外的一英里”原则可以用于你所做的一切事情上，比如有人乱丢垃圾后你把它捡了起来、你帮助了一个对之后的工作任务恐慌不已的同事、你为一个老邻居修葺院子，以及其他无数个我们每天都会面对的机会。

许多年前，一名老妇人在匹兹堡市的一家商场闲逛。她只是随意逛逛，无意间看到了一面陈列橱窗。起初，店里没有员工走上前去问她是否需要帮助，毕竟她看样子只是想随便看下。90分钟后，一个年轻人朝她走了过去，问自己是否可以帮助她。老妇人回答说：“不用了，谢谢。我只是在等公交车。”然后年轻人拿过来一把椅子，问她要不要坐下来等。当公交车来的时候，他扶着老妇人的胳膊，把她送到了公交站。离开之前，老妇人问他要了一张名片。

两个月后，店铺经理收到一封来自这名老妇人的热情来信。她请这名年轻人去她家拿一份订单。经理回复她说，这个年轻人已经不在他们店里工作了，但他愿意派另一个售货员过去。这名老妇人坚定地说：“不行，他是我唯一想找的人。请务必找到他！”

经理找到了那个年轻人，然后请他去老妇人的家。他到了之后，老妇人对他说：“我想让你去一趟苏格兰，帮我订家具。”刚到苏格兰，他就去斯基博城堡订制了价值几十万美元（相当于现在的数百万美元）的家具。顺便说一下，这名老妇人就是安德鲁·卡内基的母亲，而后者是美国当时最富有的人。

路径

当然，有时候人们会想把事情弄得更复杂一些。这本书提出了很多建议和事例，多到有人可能觉得创造那种终极体验是遥不可及的，或者让人变得非常谨慎，以至都不想开始“攀爬”这座“高山”。但事实并非如此。你当然不需要一下子就完全掌握“I.C.A.R.E”五大原则，因为这是不可能的。你只要挑出一些内容和原则为己所用，然后观察你所提供的体验和你的整个企业如何转变成超出你想象的样子。

通往非凡的路径是通过这种信仰被发现的：实现非凡是可能的，而且人们理应获得比现在更好的对待。接下来，这条路径又要与梦想、勇气和对创新的意愿融合在一起，以及承诺去做大多数人和公司不会做的事情：去走那“额外的一英里”！

体验系数提问

员工是否有权创造体验？体验的提供者是否有能力做决定、进行创新和改变？

应对策略

非凡人士总是会做一般人不愿意去做的事情。把权力交给你的员工，让他们去展示绝佳的体验吧！

试试这个

- 每个季度都要围绕服务体验如何升级以及如何从竞争当中脱颖而

出等议题召开“头脑风暴”会议。让团队成员和整个企业员工都参与其中，这样会在整个群体中建立起一种主人翁意识和团结友爱、热情奋进的精神。分析你的公司提供的服务中缺失的部分。找出没能让你提供的体验变成绝佳体验地方。这就是我们梦想的时刻，不要错过利用企业中存在的创造力和绝佳想法的机会。

试试这个

◆ 寻找新鲜且富有创新性的方式，让你的内部及外部体验变成绝佳体验。把从头脑风暴会议中得出的新颖且富有创新性的想法列在一份清单上，然后试着在每个季度实行其中的一些新想法。

试试这个

◆ 设置一个“额外一英里奖”。我们在其他的“应对策略”中已经描述过关于讨论团队中存在的服务闪光点的方法。员工喜欢获得认可，而强大的领导者喜欢去认可绝佳的工作。

绝佳特质之十：乐趣

对于人类精神而言，乐趣就是一种不可思议的强化剂。

——约翰·C.麦克斯韦尔，美国畅销书作家

大多数员工会告诉你，他们待在一家公司的首要原因并不是

薪水、工作甚至是公司本身，而是他们的老板和同事。我们很多人和同事、老板共处的时间甚至超过了我们与家人相处的时间。因此，跟你的同事和老板建立良好关系是极为必要的，这样你才能享受工作的乐趣。鉴于此，我们从迪士尼身上找到了能够增加员工在工作环境中所享受的乐趣的三大要素：信任、鼓励和成就感。

信任

当员工在工作中建立了一种信任感，他们就会感到放松，卸下心理防备；然后变得更加多产，创造力也更强。文化是企业的核心。当领导者觉得他们可以信任你，而你也觉得可以信任领导者的时候，创新就会发生，而且这种纽带很难被打破。

鼓励

鼓励的形式有很多种。言语上的鼓励一直很受欢迎，因为这意味着对被鼓励者的肯定。有的时候，鼓励只是来自某个人的存在，因为你知道队友会出现在你需要他们的地方，或者只是他们对你的项目感兴趣。

鼓励是一个文化层面上的概念。它会驱动一家企业，并在公司的关系结构中创造动力，同时也是一家企业最具价值的资源。鼓励的另一种形式是认知，或者叫作功劳的归属。人们喜欢被认可，以及因为他们完成的工作和付出的努力而获得感谢。在破坏一家企业的内部情绪或体验制造方面，几乎没有什么能比得上忽视他人的功劳或将应该分享给他人的赞扬之声据为己有。最好的领导者，无论是否处于管理层，会在事情进展顺利时将功劳归于团队，而在事情进展不顺时把责任揽在自己身上。

成就感

> 就我们的研究来看，有78%的员工称享受工作的乐趣要比赚很多钱重要。

乐趣的秘诀是获得成就感。你和你的员工是否相信你们正在让世界变得更好？你的顾客对你做的事情表示赞赏吗？你的工作是值得你怀揣着乐趣去做的。就我们的研究来看，有78%的员工称享受工作的乐趣要比赚很多钱重要。

这里的关键在于要做你热爱的事情，因为比起令你毫无激情可言的事情，前者肯定是你更擅长做的事。让每个人都找到合适的角色，然后帮助他们制定可实现的目标并以此获得赞扬，这些就是你在工作环境中获得成就感的诀窍。

如果你或企业的价值主张是提供顾客服务体验，那么打造一个超越一般性的可交付的体验绝对离不开领导者和员工享受所从事工作的乐趣。甚至世界上最伟大的扑克牌玩家都藏不住他们的不满。你的员工，也即你的“体验大使”被对待的方式和他们享受乐趣的程度会体现在服务的各个方面和客户体验上。

请记住：台下发生的事情，最终都会在台上被呈现。为公司员工创造的体验和环境将直接关系到他们为顾客提供的体验。通常来说，建立一种充满信任、成就感和备受鼓励的环境，需要人们付出的努力和资本比营造一种与之对立的，充满失信、空虚和沮丧的环境更多。然而，你知道无法创造一种积极的环境会带来多少成本吗？你真的渴望为顾客创造一种绝佳体验吗？如果确实如此，那就从那些最重要的人着手：你的员工、“内部大使”以及你的同事。对他们投资、倾听他们的心声、让他们做好准备，最重要的是放权给他们，这样你就可以做到很多人认为不可能做到的事：你会创造那种绝佳体验。

体验系数提问

企业内部是否存在着一种积极的氛围？员工是否有享受工作乐趣的自由之感？

应对策略

我们倾向于让生活和工作充满极大的压力。因此，要在工作中寻找和创造乐趣。

试试这个

◆ 想办法每天肯定和激励你的员工。（每天）制定一个目标，即给你接触的每个员工送去一份称赞之词。想象一下，如果每个人都这么做，那工作会变成什么样子。

试试这个

◆ 保持创造性。想出三个你可以用在顾客身上、能让你点燃气氛的短语，这样你们双方都能在你的工作中享受乐趣。将这些分享给团队，并把它们张贴出来。这可能听起来很小儿科，但如果你看不到这些东西，通常它们不会根植于你的意识中。

试试这个

◆ 记录员工们的优势、动力和目标，并建立相关文档。领导者和员工都需要了解各种激励性因素，然后把它们添加到员工和同事的成就感激励名单上。当具体的、富有成就感的成果被拿出来和整个群体分享的时候，无论团队、个人还是整个企业都会获得极大的益处。这会在工作环境中创造关联性动力和乐趣。

第九章　尾声：
“层级挑战”活动

接受挑战，你就可能感受到胜利的喜悦。

——乔治 · S. 巴顿，“一战”期间美国著名军事将领

你或你公司的“I. C. A. R. E.”五大原则是怎样的呢？

这本书（确切地说，这本工具书）的目的是帮助我们的读者创造关联性体验。无论消费者还是客户都必须在意识上建立一种与产品、公司、服务以及相关人士有关的联系。有趣的是，relationship（关系）一词源自中世纪的英语单词“relacion”，意思是重塑，也是一种关系模式，还代表着人们之间的一种显著关联。

你一直致力于创造的体验，或者说你实际提供的体验，就是你与消费者建立持久关系的催化剂。你的目标是让消费者获得一种体验，借助这种体验与他们建立某种关系，然后把他们发展成为你的体验的“终身大使”。没有关联性联系，就不会产生忠诚，所以从理论上说，将消费者转变成“大使”也是不可能的。

从这点来看，显然“大使”对于企业发展以及扩大企业的市场和提高品牌意识是很有必要的。为什么给顾客创造最佳体验是

企业存活的一个必备条件呢？有以下三个原因：

1. **人们值得被更好的对待**。如果你不相信这一点，那你就无法提供绝佳体验所需的卓越品质。所有这一切都从你一直致力于给他人提供的体验开始。

在某个时刻，许多美国企业的思维意识开始发生转变。他们开始采用和传达这样一种理念，即“少一些期待，多一些值得”。虽然你永远不会在某个休息室的门上看到这种标语，但你会在无数个员工所拥有的态度和采用的做事方法中发现这种理念。多年来，顾客服务以及其他相关体验的质量一直在下降。

我们相信，现在是时候树立一种价值观并且发动一场关于体验的“复兴运动”了。我们已经提供了迪士尼对此的一种检验方法以及他们对体验的掌控情况。我们也仔细研究了美国其他几个伟大的企业所采用的信仰和策略，以及它们如何提供绝佳体验。这些伟大企业的共同之处之一就是它们一直在努力呈现一种绝佳体验，并且相信它们的顾客值得最好的服务和生活体验。它们通过不断实践确立这一信念。

2. **竞争**。对任何提供不了“极佳”服务的人来说，他们的潜在消费者可接触到的选择和信息都非常多。消费者有充足的选择，所以对你的企业而言，提供“一般”或“不良”服务可能就会成为致命因素。

1971 年华特迪士尼世界开放的时候，它几乎不存在竞争对手。1975 年，海洋世界在奥兰多开放；1989 年，环球影城开放；接下来，水上乐园、信不信由你博物馆和中世纪剧院餐厅等很多迪士尼乐园的竞争者相继开放。作为单一个体，它们没有一家能比得上迪士尼世界，但每家都开始蚕食迪士尼的客户群体，以致迪士尼不得不专注于把体验列为“阻击”数量不断增长的竞争者的优势之一。

在这一点上，杰夫·格雷瓜尔说得最好：“顾客体验就是下一个竞争激烈的战场。”但有太多信息和太多强大的选择无法让你密切留意你的服务和相关的联系模式。没有什么能提供一种更伟大的“印象”或“联系”，除了积极体验。顾客有选择的权利，你同样也有：你可以选择借助你在提供绝佳体验上付出的努力，有意地获得或保护自己的市场份额。

3. 大使。我们的消费者渴望获得一种体验。他们知道自己想要接触哪种体验（无论积极或消极），而且他们一定会和别人分享自己的体验。

正如我们在整本书中探讨的那样，群体的力量会使任何一家企业变得与众不同。一种“绝佳”或“极好”的体验会创造“大使”，他们会致力于将自己获得的积极体验与全世界分享；而一种“一般”或“不良”的体验则会带来截然相反的后果：你不仅会失去迅猛发展和获得正面评价的机会，而且还会让品牌受损。

要记住：你收到的每个抱怨并不是全部。此外还大概存在与此相同的26个不满意的对此保持沉默的顾客，起码对你和你的企业而言是如此。你最好相信他们会告诉别人。你知道每个消费者会和5~9个人谈及一种积极的体验，但正如我们在“布鲁斯与‘X’汽车旅馆的体验’”那个故事中提到的那样，他们在消极体验上的倾诉对象会多达16个人。这里的关键在于你要明白你实际上是在创立“大使”或者“反大使”。无论你说的话是积极的还是消极的，这都取决于你。

下一级

这本书致力于帮助每家企业达到它们可以为其员工和顾客创造的更高的体验级别。那么我们要如何做到这一点呢？你可能会想起我们之前的讨论，即你的公司必须专注于那5个方面，才能在很大程度上改变你的企业及其形象。这里的“I.C.A.R.E”五大原则和它们的50条支持性次级原则就是帮助你提高服务体验以及成为你想成为的人和企业的要素和机会。

每家企业都会面临阻碍、占据更多市场份额的压力以及由于企业商品化导致的利润的降低。保护自己和企业不失掉市场份额以及免受竞争对手影响的最佳方式，就是建立一条通往绝佳体验的路径。我们不是在提倡你应该掌握“I.C.A.R.E”五大原则的全部，或是那50条支持性次级原则的全部；我们只是希望你能掌握其中的一部分，以及致力于找出你当前所处的体验层级。你真的应该接受“体验系数在线测试”。找到你的初始想法，然后利用我们推荐的算法提升一个体验层级。我们大多数人都不是以跃进的方式成长，而是逐渐进步；如果你能够更进一级，你就可以想象自己在一年内实现的个人进步会有多大。

再次强调，不要试图运用所有的应对策略，这不是这本书的使用方式。参加“体验系数测试”，运用定制好的行动计划努力攻克你的 12 个最显而易见的弱点和威胁。每个月采用一条次级原则和相应的应对策略，不久你就会发现自己和企业走在通往绝佳体验以及将你的顾客转变成“体验大使”的路上。

将全世界甩在身后

当你走进佛罗里达州奥兰多市的迪士尼世界，你会看到主入口通道上方有一条标语，上面写着：“从这里开始，你将告别‘今日’，走进‘昨日’、‘明日’和‘奇妙’的世界。”它概括了“体验”应该拥有的样子。无论客户、顾客，还是教区民众，以及他们是在走进一家专卖店、咨询公司、酒店、餐馆、医院、零售店还是教堂，这个人都是将外面的世界甩在身后，然后走进一个你创造的世界里。你是在给别人推销产品和服务，还是在创造体验和你的“企业大使”呢？这真的是一个选择。你现在做的是哪一个？以后你又想做什么呢？

有 500 多家公司参与了我们在就美国企业所处的体验层级这

方面的研究时进行的测试。你是那60%的提供“一般”或“不良”体验的企业之一，还是属于那15%的提供“极好”或“绝佳”体验的企业呢？找出你所在的体验层级。我们鼓励你参加我们的“层级挑战”活动，接受测试，实行“应对策略”，然后开启你为员工和顾客创造绝佳体验的旅程。

就从今天起，开始创造吧！

致谢

完成这本书所付出的精力巨大，只靠我们自己是做不到的。我们首先要感谢上帝，他是所有想法流动的来源。我们还要感谢各自的妻子，她们不但“忍受”着我们的疯狂想法，而且还愿意和我们分享视角，共同创作这本书。尤其要感谢的是丹尼利·温盖特，在她的帮助下，我们才能率先研发出这些工具，从而让这本书变得如此与众不同。

多亏了我们的写作指导乔纳森·斯特里特不辞劳苦的协调合作，这本书才得以呈现在你的面前。有了他的帮助，这本书的特质才体现得更加完整。我们要感谢阿里尔·本杰明担任我们的研究主管和范德比特大学学生小组的组长。没有他们的巨大努力和付出，我们无法完成对 500 家企业的检测和研究。

我们还要感谢斯宾塞·克雷格博士，他的见解、故事和指导让我们受益良多。人们称斯宾塞博士为迪士尼的“灵感先生”，在我们两人完成这本书的过程中他就是灵感之源一样的存在。

同时，我们也要对乔·斯卡利特表示感谢。她花费大量时间分享自己对拖拉机供应公司的见解，这家公司可称得上全美国顾客体验领域做得最好的企业之一。乔的故事、想法和见解使得这本书里面很多支持性观点都得以成型。

我们有太多人需要感谢，但受篇幅所限不能逐一列明。我们要感谢所有让这本书和这个工具变为可能的人。你们很清楚自己是谁，所以我们要满怀谦恭地感谢你们，愿意成为这本书创作过程的一部分，也愿意和我们分享一场关乎顾客关系和服务领域的革命。